公益財団法人 日本漢字能力検定協会

改訂三版

漢検 漢字学習 ステップ

漢字練習ノート

漢検

べっ さつ
別冊

8級

「漢字練習ノート」は
別冊になっています。
とりはずして使って
ください。

名 前

※「漢字練習ノート」をとじているはり金でけがをしないよう、
気をつけてください。

漢検 公益財団法人 日本漢字能力検定協会

700408 1-5

●この練習ノートの使い方

漢字表で学習した漢字を、ノートに書いて練習しましょう。見本をみながら、書く順番、とめるところ、はねるところに注意して、ていねいに書いておぼえるようにしてください。

書く順番をしめしています。順番のとちゅうをはぶいているところがあります。

見本

暗　安　悪

なぞって書いてみましょう。

書く順番の3番目がはぶかれて、4番目がしめされていることをあらわしています。

整った漢字を書くために注意するとよいことです。参考にしてください。

はねる

意　委　医　暗　安　悪

泳　運　飲　院　員　育

化　温　屋　横　央　駅

感　寒　階　開　界　荷

客　期　起　岸　館　漢

去　球　宮　級　急　究

区　銀　局　曲　業　橋

血　軽　係　君　具　苦

向　湖　庫　県　研　決

皿　祭　根　号　港　幸

歯　指　始　使　死　仕

実　式　持　事　次　詩

14

酒　取　守　主　者　写

集　習　終　拾　州　受

16

助　暑　所　宿　重　住

乗　勝　章　商　消　昭

深　真　神　身　申　植

相　全　昔　整　世　進

他　族　速　息　想　送

題　第　代　待　対　打

柱　注　着　談　短　炭

投　度　都　転　鉄　笛

動　等　登　湯　島　豆

箱　倍　配　波　農　童

▶ ▶ ▶ ▶ 漢字表は120・121ページ

皮　板　坂　反　発　畑

べんきょうした日　　　月　　　日

▶ ▶ ▶ ▶ 漢字表は124・125ページ

表　氷　筆　鼻　美　悲

服　部　負　品　病　秒

放　勉　返　平　物　福

▶ ▶ ▶ ▶ ▶ 漢字表は140・141ページ

薬　役　問　面　命　味

予　遊　有　油　由

様　　陽　　葉　　洋　　羊

緑　両　旅　流　落

和　　路　　練　　列　　礼

漢字って楽しい！

漢字の歴史は三千年以上ともいわれています。

最初は、簡単な絵文字でした。

そのうち、それらを組み合わせて、新しい漢字が作られたのです。

一字一字の漢字に歴史がある、そう思うと、漢字の学習が楽しくなってきませんか。

鳴

口　鳥

人　木

休

「漢検」級別 主な出題内容

10級	…対象漢字数 80字
	漢字の読み／漢字の書取／筆順・画数

9級	…対象漢字数 240字
	漢字の読み／漢字の書取／筆順・画数

8級	…対象漢字数 440字
	漢字の読み／漢字の書取／部首・部首名／筆順・画数／送り仮名／対義語／同じ漢字の読み

7級	…対象漢字数 642字
	漢字の読み／漢字の書取／部首・部首名／筆順・画数／送り仮名／対義語／同音異字／三字熟語

6級	…対象漢字数 835字
	漢字の読み／漢字の書取／部首・部首名／筆順・画数／送り仮名／対義語・類義語／同音・同訓異字／三字熟語／熟語の構成

5級	…対象漢字数 1026字
	漢字の読み／漢字の書取／部首・部首名／筆順・画数／送り仮名／対義語・類義語／同音・同訓異字／誤字訂正／四字熟語／熟語の構成

4級	…対象漢字数 1339字
	漢字の読み／漢字の書取／部首・部首名／送り仮名／対義語・類義語／同音・同訓異字／誤字訂正／四字熟語／熟語の構成

3級	…対象漢字数 1623字
	漢字の読み／漢字の書取／部首・部首名／送り仮名／対義語・類義語／同音・同訓異字／誤字訂正／四字熟語／熟語の構成

準2級	…対象漢字数 1951字
	漢字の読み／漢字の書取／部首・部首名／送り仮名／対義語・類義語／同音・同訓異字／誤字訂正／四字熟語／熟語の構成

2級	…対象漢字数 2136字
	漢字の読み／漢字の書取／部首・部首名／送り仮名／対義語・類義語／同音・同訓異字／誤字訂正／四字熟語／熟語の構成

準1級	…対象漢字数 約3000字
	漢字の読み／漢字の書取／故事・諺／対義語・類義語／同音・同訓異字／誤字訂正／四字熟語

1級	…対象漢字数 約6000字
	漢字の読み／漢字の書取／故事・諺／対義語・類義語／同音・同訓異字／誤字訂正／四字熟語

※ここに示したのは出題分野の一例です。毎回すべての分野から出題されるとは限りません。また、このほかの分野から出題されることもあります。

日本漢字能力検定採点基準　最終改定：平成25年4月1日

❶ 採点の対象

筆画を正しく、明確に書かれた字を採点の対象とし、くずした字や、乱雑に書かれた字は採点の対象外とする。

❷ 字種・字体

① 2〜10級の解答は、内閣告示「常用漢字表」（平成二十二年）による。ただし、旧字体での解答は正答とは認めない。

② 1級および準1級の解答は、『漢検要覧 1／準1級対応』（公益財団法人日本漢字能力検定協会発行）に示す「標準字体」「許容字体」「旧字体一覧表」による。

❸ 読み

① 2〜10級の解答は、内閣告示「常用漢字表」（平成二十二年）による。

② 1級および準1級の解答には、①の規定は適用しない。

❹ 仮名遣い

仮名遣いは、内閣告示「現代仮名遣い」による。

❺ 送り仮名

送り仮名は、内閣告示「送り仮名の付け方」による。

❻ 部首

部首は、『漢検要覧 2〜10級対応』（公益財団法人日本漢字能力検定協会発行）収録の「部首一覧表と部首別の常用漢字」による。

❼ 筆順

筆順の原則は、文部省編『筆順指導の手びき』（昭和三十三年）による。常用漢字一字一字の筆順は、『漢検要覧 2〜10級対応』収録の「常用漢字の筆順一覧」による。

❽ 合格基準

級	満点	合格
1級／準1級／2級	二〇〇点	八〇%程度
準2級／3級／4級	二〇〇点	七〇%程度
5級／6級／7級	二〇〇点	七〇%程度
8級／9級／10級	一五〇点	八〇%程度

※部首、筆順は『漢検 漢字学習ステップ』など公益財団法人日本漢字能力検定協会発行図書でも参照できます。

日本漢字能力検定審査基準

10級

程度　小学校第1学年の学習漢字を理解し、文や文章の中で使える。

領域・内容

《読むことと書くこと》 小学校学年別漢字配当表の第1学年の学習漢字を読み、書くことができる。

《筆順》 点画の長短、接し方や交わり方、筆順および総画数を理解している。

9級

程度　小学校第2学年までの学習漢字を理解し、文や文章の中で使える。

領域・内容

《読むことと書くこと》 小学校学年別漢字配当表の第2学年までの学習漢字を読み、書くことができる。

《筆順》 点画の長短、接し方や交わり方、筆順および総画数を理解している。

8級

程度　小学校第3学年までの学習漢字を理解し、文や文章の中で使える。

領域・内容

《読むことと書くこと》 小学校学年別漢字配当表の第3学年までの学習漢字を読み、書くことができる。

・音読みと訓読みを理解していること
・送り仮名に注意して正しく書けること（等しい、短い、流れる　など）
・対義語の大体を理解していること（勝つ―負ける、重い―軽い　など）
・同音異字を理解していること（反対、体育、期待、太陽　など）

《筆順》 筆順、総画数を正しく理解している。

《部首》 主な部首を理解している。

7級

程度　小学校第4学年までの学習漢字を理解し、文章の中で正しく使える。

領域・内容

《読むことと書くこと》 小学校学年別漢字配当表の第4学年までの学習漢字を読み、書くことができる。

・音読みと訓読みとを正しく理解していること
・送り仮名に注意して正しく書けること（等しい、短い、流れる　など）
・熟語の構成を知っていること
・対義語の大体を理解していること（入学―卒業、成功―失敗　など）
・同音異字を理解していること（健康、高校、公共、外交　など）

《筆順》 筆順、総画数を正しく理解している。

《部首》 部首を理解している。

5級

程度 小学校第6学年までの学習漢字を理解し、文章の中で漢字が果たしている役割に対する知識を身に付け、漢字を文章の中で適切に使える。

領域・内容

《読むことと書くこと》 小学校学年別漢字配当表の第6学年までの学習漢字を読み、書くことができる。

・音読みと訓読みとを正しく理解していること
・送り仮名や仮名遣いに注意して正しく書けること
・熟語の構成を知っていること
・対義語、類義語を正しく理解していること
・同音・同訓異字を正しく理解していること

《筆順》 筆順、総画数を正しく理解している。

《四字熟語》 四字熟語を正しく理解している（有名無実、郷土芸能 など）。

《部首》 部首を理解し、識別できる。

6級

程度 小学校第5学年までの学習漢字を理解し、文章の中で漢字が果たしている役割を知り、正しく使える。

領域・内容

《読むことと書くこと》 小学校学年別漢字配当表の第5学年までの学習漢字を読み、書くことができる。

・音読みと訓読みとを正しく理解していること
・送り仮名や仮名遣いに注意して正しく書けること（求める、失う など）
・対義語、類義語の大体を理解していること（上下、絵画、大木、読書、不明 など）
・同音・同訓異字を正しく理解していること（禁止―許可、平等―均等 など）

《筆順》 筆順、総画数を正しく理解している。

《部首》 部首を理解している。

3級

程度 常用漢字のうち約1600字を理解し、文章の中で適切に使える。

領域・内容

《読むことと書くこと》 小学校学年別漢字配当表のすべての漢字と、その他の常用漢字約600字の読み書きを習得し、文章の中で適切に使える。

・音読みと訓読みとを正しく理解していること
・送り仮名や仮名遣いに注意して正しく書けること
・熟語の構成を正しく理解していること
・対義語、類義語、同音・同訓異字を正しく理解していること
・熟字訓、当て字を理解していること（乙女／おとめ、風邪／かぜ など）

《四字熟語》 四字熟語を理解している。

《部首》 部首を識別し、漢字の構成と意味を理解している。

4級

程度 常用漢字のうち約1300字を理解し、文章の中で適切に使える。

領域・内容

《読むことと書くこと》 小学校学年別漢字配当表のすべての漢字と、その他の常用漢字約300字の読み書きを習得し、文章の中で適切に使える。

・音読みと訓読みとを正しく理解していること
・送り仮名や仮名遣いに注意して正しく書けること
・熟語の構成を正しく理解していること
・熟字訓、当て字を理解していること（小豆／あずき、土産／みやげ など）
・対義語、類義語、同音・同訓異字を正しく理解していること

《四字熟語》 四字熟語を理解している。

《部首》 部首を識別し、漢字の構成と意味を理解している。

※常用漢字とは、平成22年（2010年）11月30日付内閣告示による「常用漢字表」に示された2136字をいう。

2級

程度　すべての常用漢字を理解し、文章の中で適切に使える。

領域・内容
《読むことと書くこと》　すべての常用漢字の読み書きに習熟し、文章の中で適切に使える。
・音読みと訓読みとを正しく理解していること
・送り仮名や仮名遣いに注意して正しく書けること
・熟語の構成を正しく理解していること
・熟字訓、当て字を正しく理解していること（海女／あま、玄人／くろうと　など）
・対義語、類義語、同音・同訓異字などを正しく理解していること

《四字熟語》　典拠のある四字熟語を理解している（鶏口牛後、呉越同舟　など）。

《部首》　部首を識別し、漢字の構成と意味を理解している。

準2級

程度　常用漢字のうち1951字を理解し、文章の中で適切に使える。

領域・内容
《読むことと書くこと》　1951字の漢字の読み書きを習得し、文章の中で適切に使える。
・音読みと訓読みとを正しく理解していること
・送り仮名や仮名遣いに注意して正しく書けること
・熟語の構成を正しく理解していること
・熟字訓、当て字を理解していること（硫黄／いおう、相撲／すもう　など）
・対義語、類義語、同音・同訓異字を正しく理解していること

《四字熟語》　典拠のある四字熟語を正しく理解している（驚天動地、孤立無援　など）。

《部首》　部首を識別し、漢字の構成と意味を理解している。

※1951字とは、昭和56年（1981年）10月1日付内閣告示による旧「常用漢字表」の1945字から「勺」「錘」「銑」「脹」「匁」の5字を除いたものに、現行の「常用漢字表」のうち、「茨」「媛」「岡」「熊」「埼」「鹿」「栃」「奈」「梨」「阪」「阜」の11字を加えたものを指す。

1級

程度　常用漢字を含めて、約6000字の漢字の音・訓を理解し、文章の中で適切に使える。

領域・内容
《読むことと書くこと》　常用漢字を含めて、約6000字の漢字の読み書きに慣れ、文章の中で適切に使える。
・音読みと訓読みとを正しく理解していること
・国字を理解していること（怺える、毟る　など）
・対義語、類義語、同音・同訓異字などを理解していること
・地名・国名などの漢字表記について理解していること
・複数の漢字表記について理解していること（鹽・塩、颱風・台風　など）

《四字熟語・故事・諺》　典拠のある四字熟語、故事成語・諺を正しく理解している。

《古典的文章》　古典的文章の中での漢字・漢語を理解している。

※約6000字の漢字は、JIS第一・第二水準を目安とする。

準1級

程度　常用漢字を含めて、約3000字の漢字の音・訓を理解し、文章の中で適切に使える。

領域・内容
《読むことと書くこと》　常用漢字を含めて、約3000字の漢字の読み書きに慣れ、文章の中で適切に使える。
・音読みと訓読みとを正しく理解していること
・熟字訓、当て字を理解していること
・対義語、類義語、同音・同訓異字などを理解していること
・国字を理解していること（峠、凧、畠　など）
・複数の漢字表記について理解していること（國・国、交叉・交差　など）

《四字熟語・故事・諺》　典拠のある四字熟語、故事成語・諺を正しく理解している。

《古典的文章》　古典的文章の中での漢字・漢語を理解している。

※約3000字の漢字は、JIS第一水準を目安とする。

※常用漢字とは、平成22年（2010年）11月30日付内閣告示による「常用漢字表」に示された2136字をいう。

個人受検を申し込まれる皆さまへ

協会ホームページのご案内

検定に関する最新の情報（申込方法やお支払い方法など）は、公益財団法人　日本漢字能力検定協会ホームページ https://www.kanken.or.jp/ をご確認ください。

なお、下記の二次元コードから、ホームページへ簡単にアクセスできます。

受検規約について

受検を申し込まれる皆さまは、「日本漢字能力検定 受検規約（漢検PBT）」の適用があることを同意のうえ、検定の申し込みをしてください。受検規約は協会のホームページでご確認いただけます。

---

1 受検級を決める

受検資格　制限はありません

実施級　1、準1、2、準2、3、4、5、6、7、8、9、10級

検定会場　全国主要都市約170か所に設置
（実施地区は検定の回ごとに決定）

検定時間　ホームページにてご確認ください。

---

2 検定に申し込む

インターネットにてお申し込みください。

注意

① 家族・友人と同じ会場での受検を希望する方は、検定料のお支払い完了後、申込締切日の2営業日後までに協会（お問い合わせフォーム）までお知らせください。

② 障がいがあるなど、身体的・精神的な理由により、協会の配慮を希望される方は、申込締切日までに協会（お問い合わせフォーム）までご相談ください（申込締切日以降のお申し出には対応できかねます）。

③ 申込締切日以降は、受検級・受検地を含む内容変更および取り消し・返金は、いかなる場合もできません。また、次回以降の振り替え、団体受検や漢検CBTへの変更もできません。

団体受検の申し込み

自分の学校や企業などの団体で志願者が一定以上集まると、団体単位で受検の申し込みができる「団体受検」という制度もあります。団体受検申込を扱っているかどうかは先生や人事関係の担当者に確認してください。

---

3 受検票が届く

受検票は検定日の約1週間前から順次お届けします。

注意

① 準1、2、準2、3級の方は、後日届く受検票に顔写真（タテ4cm×ヨコ3cm、6か月以内に撮影、上半身、正面、帽子やマスクは外す）を貼り付け、会場に当日持参してください。
（当日回収・返却不可）

② 4級～10級の方は、顔写真は不要です。

4 検定日当日

持 ち 物　受検票、鉛筆（HB、B、2Bの鉛筆またはシャープペンシル）、万年筆などの使用は認められません。
※ボールペン、万年筆などの使用は認められません。
ルーペ持ち込み可。

注 意

① 会場への車での来場（送迎を含む）は、交通渋滞の原因や近隣の迷惑になりますので固くお断りします。

② 検定開始時刻の15分前を目安に受検教室までお越しください。答案用紙の記入方法などを説明します。

③ 携帯電話やゲーム、電子辞書などは、電源を切り、かばんにしまってから入場してください。

④ 検定中は受検票を机の上に置いてください。

⑤ 答案用紙には、あらかじめ名前や生年月日などが印字されています。

⑥ 検定日の約5日後に漢検ホームページにて標準解答を公開します。

5 合否の通知

検定日の約40日後に、受検者全員に「検定結果通知」を郵送します。合格者には「合格証書」・「合格証明書」を同封します。
欠席者には検定問題と標準解答をお送りします。
受検票は検定結果が届くまで大切に保管してください。

進学・就職に有利！
合格者全員に合格証明書発行

大学・短大の推薦入試の提出書類に、また就職の際の履歴書に添付してあなたの漢字能力をアピールしてください。合格者全員に、合格証書と共に合格証明書を2枚、無償でお届けいたします。

合格証明書が追加で必要な場合は有償で再発行できます。

申請方法はホームページにてご確認ください。

■ お問い合わせ窓口 ■

電話番号　フリーコール
0120・509・315（無料）

（海外からはご利用いただけません。
ホームページよりメールでお問い合わせください。）

お問い合わせ時間　月〜金　9時00分〜17時00分
（祝日・お盆・年末年始を除く）
※公開会場検定日とその前日の土曜は開設
※検定日は9時00分〜18時00分

メールフォーム　https://www.kanken.or.jp/
kanken/contact/

【字の書き方】

問題の答えは楷書で大きくはっきり書きなさい。乱雑な字や続け字、また、行書体や草書体のようにくずした字は採点の対象とはしません。

《例》

○熱 ×熱

○言 ×言

○糸 ×糸

特に漢字の書き取り問題では、答えの文字は教科書体をもとにして、はねるところ、とめるところなどもはっきり書きましょう。また、画数に注意して、一画一画を正しく、明確に書きなさい。

【字種・字体について】

(1)日本漢字能力検定2～10級においては、「常用漢字表」に示された字種で書きなさい。つまり、表外漢字（常用漢字表にない漢字）を用いると、正答とは認められません。

《例》

○交差点 ×交叉点 （「叉」が表外漢字）

○寂しい ×淋しい （「淋」が表外漢字）

(2)日本漢字能力検定2～10級においては、「常用漢字表」に示された字体で書きなさい。なお、「常用漢字表」に参考として示されている康熙字典体など、旧字体と呼ばれているものを用いると、正答とは認められません。

《例》

○真 ×眞

○飲 ×飲

○弱 ×弱

○渉 ×渉

○迫 ×迫

(3)一部例外として、平成22年告示「常用漢字表」で追加された字種で、許容字体として認められているものや、その筆写文字と印刷文字との差が習慣の相違に基づくとみなせるものは正答と認めます。

《例》

餌 ➡ 餌 と書いても可

遜 ➡ 遜 と書いても可

葛 ➡ 葛 と書いても可

溺 ➡ 溺 と書いても可

箸 ➡ 箸 と書いても可

注意

(3)において、どの漢字が当てはまるかなど、一字一字については、当協会発行図書（2級対応のもの）掲載の漢字表で確認してください。

公益財団法人 日本漢字能力検定協会

改訂三版

漢検 漢字学習 ステップ

漢検

8級

漢検 公益財団法人 日本漢字能力検定協会

もくじ

2

この本で学習する漢字

音読みで五十音順（アイウエオ順）にならんでいます。数字はこの本のページです。

この本は200字の漢字（小学校3年生で習う漢字）を中心に、楽しく学べるようになっています。漢字の力をつけ、日本漢字能力検定（漢検）8級のごうかくをめざしてください。

1 漢字表

1ステップにつき、5〜6字ずつ漢字を学習しよう！

漢字練習ノート

2 練習問題

問題をといてみよう！

3 力だめし・まとめテスト

力だめしをしてみよう！

力だめしは5回分

まとめテストは1回分

新しく学ぶ漢字

１ステップに5〜6字ずつ、五十音順（アイウエオ順）にならんでいます。

● 読み

カタカナは音読み。ひらがなは訓読み。（　）の中は、おくりがな。

⊕は中学校で学習する読みで、4級以上で出題対象となります。

⾼は高校で学習する読みで、準2級以上で出題対象となります。

● 漢字の画数

漢字は、点や線の組み合わせでできています。この点や線を画といいます。この漢字が何画で書かれているかをしめしています。

● 部首・部首名

部首は漢字の分類（なかまわけ）

部首名はその名前

言葉と使い方

ここにあげたもののほかにも、いろいろな言葉と使い方があります。

▲上の級（7／6／5級 など）の漢字

◎上の級の読み方　中学校または高校で習う読み方

★ とくべつな読み方

熟語（漢字が二つ以上組み合わされて、意味を持つ一つの言葉になったもの）の中には、言葉として読むとき、「部屋」のように、とくべつな読み方をするものがあります。

漢字を書いてみましょう。

漢字は、ステップの順番どおりに、練習できるようになっています。

＊ととのった漢字を書くために
　注意するとよいこと

見本を見ながら漢字を書いてみましょう。

勉強した日を書きこみましょう。

2 練習問題

問題をといてみましょう。

＊前のページの漢字表で学習した漢字がたくさん出ています。

なくさないように注意しましょう。

答えは、別冊（本から取り外せます）にまとめました。本のさいごについています。

＊答えには、かいせつ「ステップアップメモ」もついています。

3 力だめし・まとめテスト

力をためしてみましょう。

ステップ6〜7回分がおわったら、力だめしにチャレンジ。

さいごは、まとめテストにチャレンジしましょう。

答え合わせをしたら、とくてんを書きこみましょう。

クイズであそぼ！

力だめしの後には、楽しいクイズのページがあります。

暗

13画

アン
くら（い）

部首名	部首
ひへん	日

言葉と使い方

暗がりの中を進む
真っ暗
暗記　暗算　明暗

安

6画

アン
やす（い）

部首名	部首
うかんむり	宀

言葉と使い方

大安売りをしている
安定
安心　安全

悪

11画

アク
オ（高）
わる（い）

部首名	部首
こころ	心

言葉と使い方

体の調子が悪い
▲最悪　◎悪寒
悪意　悪人

意

イ

13画

部首　心
部首名　こころ

言葉と使い方

意見　意味

決意　注意

出かける用意をする

委

イ
ゆだ（ねる）

8画

部首　女
部首名　おんな

言葉と使い方

委員会

学級委員

運命に身を委ねる

医

イ

7画

部首　匚
部首名　かくしがまえ

言葉と使い方

医院　医学

歯科医

医者の話を聞く

1 つぎの──線の漢字に読みがなをつけなさい。

① 友だちに意見を聞かれる。

② 暗い　夜道を一人で歩くのはさける。

③ 算数の時間に九九を暗記する。

④ この店の肉はほかより安い。

⑤ 今日は、朝から天気が悪い。

⑥ 図書委員が本をかたづけている。

⑦ 頭がいたいので、医者にみてもらう。

⑧ 母の顔を見て安心する。

2 つぎの漢字の太いところは、何番めに書きますか。○の中に数字を書きなさい。

① 医 ……○

② 暗 ……○

③ 委 ……○

④ 安 ……○

⑤ 悪 ……○

3 つぎの □ の中の漢字を組み合わせて、二字のことばを作り、（　）に書きなさい。

室・意・番・公・野・園
原・交・話・用・会・暗

① ようい……（　　　）
② こうえん……（　　　）
③ のはら……（　　　）
④ こうばん……（　　　）
⑤ かいわ……（　　　）
⑥ あんしつ……（　　　）

4 つぎの □ に漢字を書きなさい。

① あくにん を見つけ出す。
② やすうりの品を買う。
③ あの子は い地をはっている。
④ 合計を あんざん する。
⑤ 学級 いん になりたい。
⑥ わるいことをしておこられる。
⑦ いがくの進歩で長生きできる。
⑧ 判断をリーダーに ゆだ ねる。

院

イン

10画

部首	部首名	
阝	こざとへん	

言葉と使い方

入院の用意をする
病院
院長　寺院

員

イン

10画

部首	部首名	
口	くち	

言葉と使い方

父は駅員だ
店員
係員　全員

育

イク
そだ（つ）
そだ（てる）
はぐく（む）

8画

部首	部首名	
肉	にく	

言葉と使い方

教育　体育館
親鳥がひなを育む
▲ベランダで野菜を育てる

泳

エイ
およ(ぐ)

8画

部首	部首名
氵	さんずい

言葉と使い方

▲競泳　水泳

平泳ぎ

遠泳大会に出場する

運

ウン
はこ(ぶ)

12画

部首	部首名
辶	しんにょう しんにゅう

言葉と使い方

運送　運転　運動場

幸運

荷物を運ぶ

飲

イン
の(む)

12画

部首	部首名
飠	しょくへん

言葉と使い方

飲食店　飲料

飲み水

お茶を飲む

1 つぎの──線の漢字に読みがなをつけなさい。

① 水道の水を飲む。

② 拾った子犬を育てる。

③ 兄が水泳大会に出る。

④ エレベーターの定員は十人だった。

⑤ 朝日にかがやく寺院が見える。

⑥ 星の運行を観測する。

⑦ となりの教室にいすを運ぶ。

⑧ クラス委員にえらばれる。

2 ⑦と⑦のカードを組み合わせて、漢字を作りなさい。（カードはそれぞれ一回ずつ使います。）

① ⑦
貝 欠 音 永

① ①
口 氵 食 心

② ⑦
軍 完 女 音

② ①
日 阝 辶 宀

3 つぎの □ の中に漢字を書きなさい。

いん

① けがをして入［いん］する。

② 教科書の文章を［いん］用する。

い

③ わたしの父は［い］者［しゃ］だ。

④ 同じ［い］見にさんせいする。

あん

⑤ 妹が［あん］心してねむる。

⑥ 一点が勝敗［しょうはい］の明［あん］を分けた。

4 つぎの □ に漢字を書きなさい。

① ［たいいく］で百メートル走をする。

② クラス全［ぜん］［いん］でそうじをする。

③ 夏休みに海で［およ］ぐ。

④ 姉は大学［いん］を出た。

⑤ つめたい［の］み物［もの］を買う。

⑥ 今日、バスは［うんきゅう］している。

⑦ 温［あたた］かい家庭［かてい］で［はぐく］まれる。

⑧ 母と［いんしょく］店に入る。

15

横

15画
オウ
よこ

部首	部首名	
木	きへん	

言葉と使い方

横断歩道 ▲

横顔

話が横道にそれる

央

5画
オウ

部首	部首名	
大	だい	

言葉と使い方

中央

中央線

中央口で待ち合わせる

中央口

駅

14画
エキ

部首	部首名	
馬	うまへん	

言葉と使い方

駅長　駅伝 ▲

駅前　終着駅

次の駅でおりる

16

化

4画

カ
ケ⊕
ば（ける）
ば（かす）

部首	部首名
ヒ	ひ

文化
◎化粧
お化け
大きな化石が発見される

温

12画

オン
あたた（か）
あたた（かい）
あたた（まる）
あたた（める）

部首	部首名
シ	さんずい

言葉と使い方

温室　気温
温かいお茶
スープを温める

屋

9画

オク
や

部首	部首名
尸	しかばね かばね

言葉と使い方

屋上　屋台
花屋　★八百屋
★部屋のそうじをする

1 つぎの──線の漢字に読みがなをつけなさい。

① 台風で　横なぐりの雨がふる。

② 中央の出口に友人が立っている。

③ 遠くても横断歩道をわたろう。

④ 先生が貝の化石を見せてくれた。

⑤ 晴れた日は屋外に出る。

⑥ 温かいお茶をすすめる。

⑦ 上り電車が駅のホームに入ってくる。

⑧ 昼になって気温が上がった。

2 つぎの──線のカタカナを○の中の漢字とおくりがな（ひらがな）で□の中に書きなさい。

〈れい〉（大）オオキイ花がさく。　大きい

① （化）タヌキが人をバカス話だ。

② （温）手をアタタメル。

③ （泳）海で長時間オヨグ。

④ （運）つくえをハコブ。

⑤ （育）アサガオをソダテル。

⑥ （暗）家の中がクライ。

18

3 ㋐と㋑のカードを組み合わせて、漢字（かんじ）を作りなさい。（カードはそれぞれ一回ずつ使（つか）います。）

② ㋑ 亡 尸 木 馬　㋐ 〔　〕〔　〕〔　〕〔　〕　尺 黄 矢 至

① ㋑ 亻 亜 氵 禾　㋐ 〔　〕〔　〕〔　〕〔　〕　㿟 女 匕 心

4 つぎの□に漢字を書（か）きなさい。

① ちゅうおう 通りを車で走る。

② よこ から口を出す。

③ えきまえ からバスに乗（の）る。

④ たいおんけい をかりる。

⑤ 夏はお ば けの話でもりあがる。

⑥ や 台でおでんを食べる。

⑦ おん 水プールに通う。

⑧ ぶんか の日は祝日（しゅくじつ）だ。

開

カイ
ひら（く）
ひら（ける）
あ（く）
あ（ける）

12画

部首	部首名
門	もんがまえ

言葉と使い方

発表会のまくが開く
開店　花が開く
開会式　開始

界

カイ

9画

部首	部首名
田	た

言葉と使い方

世界
世界地図を
かべにはる

荷

に　カ

10画

部首	部首名
艹	くさかんむり

言葉と使い方

出荷◎　荷台　荷物
荷づくり
荷車を後ろからおす

20

感

カン

13画

部首	部首名
心	こころ

言葉と使い方

友だちの意見に同感だ

感動　直感

感謝　感想文

寒

カン
さむ（い）

12画

部首	部首名
宀	うかんむり

言葉と使い方

寒げいこに出る

寒い朝

寒波　寒冷

階

カイ

12画

部首	部首名
阝	こざとへん

言葉と使い方

音楽室は二階にある

音階

階段

1

つぎの──線の漢字に読みがなをつけなさい。

① げいのう界では運も必要だ。

② 明日、十時から音楽会が開かれる。

③ トラックの荷台にたんすをつむ。

④ 二階に本を運ぶ。

⑤ 寒いと思ったら雪がふってきた。

⑥ おやつに寒天ゼリーを食べる。

⑦ 目がつかれたと感じたら休む。

⑧ 校長先生が　開会式であいさつする。

2

つぎの漢字の画数（漢字を書くときの点や線の数）を数字で書きなさい。

① 荷 …………（　　）（　　）

② 駅 …………（　　）（　　）

③ 院 …………（　　）（　　）

④ 階 …………（　　）（　　）

⑤ 飲 …………（　　）（　　）

3 つぎの□の中に漢字を書きなさい。

① □気とは「さむさ」のことである。

② 妹は音□がよい。

③ アンケートに□答する。

④ 世□中からお金が集まる。

⑤ 図書委□会に出席する。

⑥ 寺□を見学する。

⑦ □者のしんさつを受ける。

⑧ 自分の□思をうまくつたえる。

4 つぎの□に漢字を書きなさい。

① レストランが□□する。

② 山の上から□□を見わたす。

③ □□を五線紙に書く。

④ □□に人がいるようだ。

⑤ 引っこしの□づくりをする。

⑥ □□水泳大会に出る。

⑦ □□をはたらかせる。

⑧ 車のドアを□ける。

ステップ **5**

岸

8画 | ガン　きし

部首名	部首
やま　山	

言葉と使い方

向こう岸に船でわたる

岸辺　川岸

海岸

▲岸辺　きしべ　川岸　かわぎし

海岸　かいがん

向こう岸に船でわたる　む　ぎし　ふね

館

16画 | カン　やかた

部首名	部首
しょくへん　食	

言葉と使い方

水族館　体育館

大きな館

館内アナウンスが流れる

水族館　すいぞくかん　体育館　たいいくかん

大きな館　おお　やかた

館内アナウンスが流れる　かんない　なが

漢

13画 | カン

部首名	部首
さんずい　氵	

言葉と使い方

漢詩　漢字

漢方薬

悪漢をやっつける

漢詩　かんし　漢字　かんじ

漢方薬　かんぽうやく

悪漢をやっつける　あっかん

24

客

9画

キャク
カク⊕

部首	部首名
宀	うかんむり

言葉と使い方

お客様にあいさつする

客間（きゃくま）　乗客（じょうきゃく）

旅客（りょかく）◎　旅客（りょきゃく）

お客様（きゃくさま）にあいさつする

期

12画

ゴ⾼
キ

部首	部首名
月	つき

言葉と使い方

期間（きかん）　期待（きたい）

▲最期（さいご）◎

長期（ちょうき）の休（やす）みをとる

起

10画

キ
お（きる）
お（こる）
お（こす）

部首	部首名
走	そうにょう

言葉と使い方

起点（きてん）　起立（きりつ）

早起（はやお）き

毎日六時（まいにちろくじ）に起（お）きる

1

つぎの―線の漢字に読みがなをつけなさい。

① 早起きして初日の出を見る。

② 新しく習った漢字の画数を数える。

③ 麦をかり取る時期になった。

④ 天気が悪くて客足が落ちる。

⑤ ビーバーが川岸まで泳ぐ。

⑥ 友だちと図書館の二階に上がる。

⑦ 海岸線にそって電車が走る。

⑧ これは少年が悪漢をたおす話だ。

2

つぎの―線の漢字に読みがなをつけなさい。

① 気温が急に上がった。

② 温かいスープを飲む。

③ 生き物を育てる。

④ 体育の時間にサッカーをする。

⑤ 学校のサクラが開花した。

⑥ 国語の教科書を開く。

⑦ 東京駅は東海道線の起点だ。

⑧ 畑でサツマイモをほり起こした。

3 つぎの□の中に漢字を書きなさい。

おう

① グラウンドの中 □（おう）に集（あつ）まる。

② 断（だん）歩道をわたる。 □（おう）

かい

③ □（かい）だんで屋上まで上がる。

④ トンネルが □（かい）通した。

かん

⑤ 数字で答える。 □（かん）

⑥ 水族（すいぞく）□（かん）に行く。

4 つぎの□に漢字を書きなさい。

① 古（ふる）い □（やかた）の中を調（しら）べる。

② □（きりつ）したまま話を聞く。

③ 母は □（かんぼう）薬（やく）を飲んでいる。

④ 朝、□（お）きてすぐに出かける。

⑤ 二 □（がっき）が楽しみだ。

⑥ □（らいきゃく）中なのでしずかにする。

⑦ □（きし）べにきれいな花がさく。

⑧ 妹は □（ちょうきかん）学校を休んだ。

級

9画　キュウ

部首	部首名	
糸	いとへん	

言葉と使い方

町で同級生と会う

進級　高級

学級

急

9画　キュウ　いそ(ぐ)

部首	部首名	
心	こころ	

言葉と使い方

急に雨がふり出す

急ぎ足

急病　▲救急車

究

7画　キュウ　きわ(める)㊥

部首	部首名	
穴	あなかんむり	

言葉と使い方

自由研究に取り組む

道を究める◎

▲究極　究明　研究会

去

5画

キョ
コ
さ(る)

部首	部首名
ム	む

言葉と使い方

去年 消去

▲過去

夏が去り秋が来る

球

11画

キュウ
たま

部首	部首名
王	おうへん たまへん

言葉と使い方

球根 球場

電球 野球

球拾いをする

宮

10画

キュウ
グウ⊕
ク高
みや

部首	部首名
宀	うかんむり

言葉と使い方

宮殿

▲宮司

◎宮司

お宮まいり

お宮の鳥居を通りぬける

1 つぎの──線の漢字に読みがなをつけなさい。

① 本当のことを究明する。（　）（　）

② 急用を思い出して家に帰る。（　）（　）

③ 野球の球拾_{ひろ}いをする。（　）

④ 大急ぎで　駅前に向_むかう。（　）（　）

⑤ ヨーロッパの王宮の絵を見る。（　）

⑥ 気球で青い大空をとぶ。（　）

⑦ 学級文庫_{ぶんこ}を整_{せい}とんする。（　）

⑧ 大きな台風が去り、日がさした。（　）

2 つぎの漢字を画数（漢字を書くときの点や線の数）の少ないものから順_{じゅん}番_{ばん}に、□に書きなさい。

> 究・客・期・化・央
> 横・館・漢・起・岸

画数の少ないもの

3 つぎの──線のカタカナを○の中の漢字とおくりがな（ひらがな）で□の中に書きなさい。

〈れい〉　大　オオキイ花がさく。 → 大きい

① 急　先をイソグ。

② 起　朝七時にオキル。

③ 寒　風が強くてサムイ。

④ 開　ハスの花がヒラク。

⑤ 教　外国のあいさつをオソワル。

⑥ 細　コマカイ字で書く。

4 つぎの□に漢字を書きなさい。

① こうきゅう　なお店に入る。

② 妹のお　みや　まいりに行く。

③ 雲のでき方を研　けんきゅう　する。

④ い　そ　の話をする。

⑤ きゅうこう　いで家を出る。

⑥ 電車に乗　の　る。

⑦ 九十さいで祖父（そふ）が死　し　きょ　した。

⑧ ち　きゅう　は丸い。

曲

6画

キョク
ま（がる）
ま（げる）

部首	部首名	
曰	ひらび いわく	

言葉と使い方

曲線　作曲
きょくせん　さっきょく

曲がり角
ま　　　かど

曲がりくねった道を歩く
ま　　　　　　　みち　ある

業

13画

ギョウ
ゴウ高
わざ申

部首	部首名	
木	き	

言葉と使い方

業界　営業
ぎょうかい　えいぎょう

▲授業　早業◎
じゅぎょう　はやわざ

始業のチャイムが鳴る
しぎょう　　　　　　　な

橋

16画

キョウ
はし

部首	部首名	
木	きへん	

言葉と使い方

鉄橋　歩道橋
てっきょう　ほどうきょう

つり橋
ばし

石橋をたたいてわたる
いしばし

32

区

4画　ク

部首名	部首
かくしがまえ　匸	

言葉と使い方

区画　区間

地区

白線で区切る

銀

14画　ギン

部首名	部首
かねへん　金	

言葉と使い方

銀河▲

銀行

外は白銀の世界だ

局

7画　キョク

部首名	部首
かばね　しかばね　尸	

言葉と使い方

水道局　放送局

薬局

局番を調べる

1 つぎの——線の漢字に読みがなをつけなさい。

① この電車は長い区間を走る。

② 駅を出て五分歩くと銀行がある。

③ うでを曲げたり、のばしたりする。

④ となり町の歩道橋の階だんを下りる。

⑤ 赤い橋のかかった川を絵にかく。

⑥ 局地的（てき）な 雪となる。

⑦ 一日中、細かい作業をする。

⑧ 弟は、作曲の天才だ。

2 つぎの漢字の太いところは、何番めに書きますか。○の中に数字を書きなさい。

① 区 ……○

② 銀 ……○

③ 館 ……○

④ 岸 ……○

⑤ 業 ……○

3 同じなかまの漢字を□に書きなさい。

① こころ（心）
　用 □（い）・直 □（かん）

② うかんむり（宀）
　□（あん）心・□（かん）風

③ ひへん（日）
　□（あん）記・□（よう）日

④ さんずい（氵）
　水 □（えい）・体 □（おん）計

⑤ きへん（木）
　□（はし）・□（むら）人

4 つぎの□に漢字を書きなさい。

① となりの □□（ち・く）のお祭（まつ）りに行く。

② 店は臨時（りんじ）□□（きゅう・ぎょう）中だった。

③ 名 □（きょく）をしずかに聞く。

④ 水しぶきが □□（ぎん・いろ）に光る。

⑤ ゆうびん □（きょく）ではがきを買う。

⑥ 国と国の □（はし）わたしをする。

⑦ 話に □□（く・ぎり）りをつける。

⑧ □（ま）がり角で犬に出くわす。

1

つぎの―線の漢字に読みがなをつけなさい。

〈一つ2点　計48点〉

① 次の駅で電車をおりる。

② 起立して先生にあいさつする。

③ 有名な作曲家の物語を読む。

④ 日曜日に同級生と水泳大会に出る。

⑤ 銀行にお年玉をあずける。

⑥ 地区の委員長になる。

⑦ 去年からピアノを習っている。

⑧ 球場が午前十時に開門する。

⑨ 校医からもらった薬を飲む。

⑩ 広場の中央に立って空を見る。

⑪ ヒグマは寒くなると冬ごもりする。

⑫ 放送局の見学に行く。

⑬ 暗くなったので星がよく見える。

⑭ 体育館にいすを運ぶ。

⑮ 黄色を使うと絵があたたかな感じになる。

⑯ 長期旅行の荷づくりをする。

2 つぎの漢字の太いところは、何番めに書きますか。○の中に数字を書きなさい。

〈一つ2点 計10点〉

① 荷……○

② 悪……○

③ 曲……○

④ 央……○

⑤ 局……○

3 同じなかまの漢字を□に書きなさい。

〈一つ一点 計10点〉

① さんずい（氵）
　□（かん）字・□（おん）度

② うかんむり（宀）
　船・王□（きゃく）□（きゅう）

③ こころ（心）
　行・□（い）□（きゅう）見

④ きへん（木）
　□（よこ）顔・石□（ばし）

⑤ こざとへん（阝）
　寺□（いん）・音□（かい）

4 つぎの—線のカタカナを〇の中の漢字とおくりがな（ひらがな）で□の中に書きなさい。

〈一つ2点　計12点〉

〈れい〉 大 オオキイ花がさく。 | 大きい |

① 起 転んだがすぐにオキル。

② 化 木の葉がお金にバケル。

③ 安 今日は肉がヤスイ。

④ 温 スープをアタタメル。

⑤ 泳 近くの川でオヨグ。

⑥ 育 親鳥がひなをソダテル。

5 つぎの□に漢字を書きなさい。

〈一つ2点　計20点〉

① 学校の おくじょう から町を見わたす。

② 姉と海 がん を歩く。

③ 流れ さぎょう で仕事をする。

④ お みや の よこ にスギの大木がある。

⑤ 雨がふってきたので いそ いで帰る。

⑥ 父は研 けんきゅうじょ 所ではたらいている。

⑦ 母が にゅういん の ようい をする。

⑧ 世 せかい 地図で国を調べる。

言葉さがし

下のリストの言葉の読みを、れいのように見つけてみよう。のこったひらがなを組み合わせて言葉を作り、答えの文に合う漢字を答えよう。

【注意】
マスは、一直線に使います。とちゅうで曲げることはできません。

【リスト】

委員会	悪用	海岸	漢字	体温	回数	寒気	学級
医学	台地	天下	水泳	体育	売買	羽毛	音階
究明	中央	明暗	土曜	起点	期間		

れい

た	い	お	ん	が	あ	だ	き
い	い	が	く	っ	く	い	ど
い	ん	か	ん	き	よ	ち	よ
く	か	い	ち	ゅ	う	お	う
あ	い	が	か	う	も	う	お
き	て	ん	い	め	い	あ	ん
か	ん	じ	す	い	え	い	か
ん	か	ん	う	ば	い	ば	い

読みは、たて・横につながっているよ。

【答え】

算数の時間に九九を□□する。

※答えは71ページにあります。

君

7画
クン
きみ

部首	口	部首名	くち

言葉と使い方

君の家はどこですか
きみ　いえ

▲暴君
ぼうくん

主君
しゅくん

具

8画
グ

部首	ハ	部首名	は

言葉と使い方

絵の具　家具
え　ぐ　　かぐ

遊具
ゆうぐ

道具をかたづける
どうぐ

苦

8画
ク
くるしい
くるしむ
くるしめる
にがい
にがる

部首	サ	部首名	くさかんむり

言葉と使い方

苦心　苦労
くしん　くろう

苦い薬　▲苦手
にが　くすり　　にがて

わらいすぎて息が苦しい
いき　くる

血

6画

ち　ケツ

部首	部首名	
血	ち	

言葉と使い方

▲包帯に血がにじむ

▲鼻血

血液　出血

軽

12画

ケイ
かる（い）
かろ（やか）㊥

部首	部首名	
車	くるまへん	

言葉と使い方

◎油は水より軽い

軽やかな音楽

軽食　軽石

係

9画

ケイ
かか（る）
かかり

部首	部首名	
イ	にんべん	

言葉と使い方

★二人は親しい関係だ

図書係

係員　給食係

1 つぎの──線の漢字に読みがなをつけなさい。

① バラの花を苦心して育てる。

② このかばんはとても軽い。

③ 図工の道具をそろえる。

④ 今日は、苦手な科目の勉強（べんきょう）をする。

⑤ お昼ごはんは軽食ですます。

⑥ 出血が少なかったので安心した。

⑦ ひろし君とは入学当時からの友人だ。

⑧ きのう学級会で図書の係を決（き）めた。

2 つぎの漢字の画数（漢字を書くときの点や線の数）を数字で書きなさい。

① 係……（　）

② 寒……（　）

③ 球……（　）

④ 宮……（　）

⑤ 軽……（　）

3 つぎの□の中に漢字を書きなさい。

① ぼくたちは、いとこの関[かん]係[けい]だ。

② 計[けい]算をまちがえたようだ。

③ 土地を四つに区[く]分する。

④ 父は苦[く]労[ろう]して会社を大きくした。

⑤ 薬[やっ]局[きょく]でかぜの薬[くすり]をもらう。

⑥ クラスのテーマ曲[きょく]を作る。

⑦ 書道の一級[きゅう]を取[と]る。

⑧ 野球[きゅう]のせん手になる。

4 つぎの□に漢字を書きなさい。

① 夕食は具[ぐ]だくさんのカレーだ。

② 君[きみ]の家まで送[おく]るよ。

③ せきが出て苦[く]しい。

④ 出口を係[かかり]員[いん]にたずねる。

⑤ ぼくの血[けつ]液型[えきがた]はＡ型[エーがた]だ。

⑥ 田中君[くん]もさそってみよう。

⑦ もっと気[き]軽[がる]にやろう。

⑧ 転[ころ]んで血[ち]が出る。

43

県

9画　ケン

部首	部首名
目	め

言葉と使い方

県知事（けんちじ）
県道（けんどう）　県立（けんりつ）
他の県に引っこしをする（た・けん・ひ）

研

9画　ケン　と（ぐ）⊕

部首	部首名
石	いしへん

言葉と使い方

研究会（けんきゅうかい）　研修（けんしゅう）▲
刀を研ぐ（かたな・と）◎
星の研究に取り組む（ほし・けんきゅう・と・く）

決

7画　ケツ　き（める）　き（まる）

部首	部首名
氵	さんずい

言葉と使い方

決意（けつい）　決勝（けっしょう）
決心（けっしん）　対決（たいけつ）
時間を決めて読書する（じかん・き・どくしょ）

44

向

6画
コウ
む（く）
む（ける）
む（かう）
む（こう）

部首　口
部首名　くち

言葉と使い方

方向（ほうこう）　向（む）こう岸（ぎし）

南向（みなみむ）き

前向（まえむ）きに考（かんが）える

湖

12画
コ
みずうみ

部首　氵
部首名　さんずい

言葉と使い方

湖水（こすい）　湖面（こめん）

白鳥（はくちょう）の湖（みずうみ）

湖（みずうみ）のそばでキャンプをする

庫

10画
コ
ク（高）

部首　广
部首名　まだれ

言葉と使い方

金庫（きんこ）　車庫（しゃこ）

▲倉庫（そうこ）　◎庫裏（くり）

学級文庫（がっきゅうぶんこ）の本（ほん）を読（よ）む

1 つぎの――線の漢字に読みがなをつけなさい。

① 早起きしようと決心する。

② 指(ゆび)で南の方向をさす。

③ 寒さに強い米の研究をする。

④ 待(ま)ち合わせの駅に向かう。

⑤ 湖水が朝日で光りかがやく。

⑥ 鳥のえさやりの当番を決める。

⑦ 文庫本は安く買える。

⑧ 兄は県立の図書館で本をかりた。

2 つぎの□の中に漢字を書きなさい。

き

① ピッチャーに□(き)用される。

② 父が、長□(き)の休みを取(と)る。

けつ

③ 転(ころ)んで内出□(けつ)した。

④ 話し合いの後に多数□(けつ)をとる。

けん

⑤ 医学の□(けん)究会に出席(しゅっせき)する。

⑥ いとこが青森□(けん)にいる。

3 つぎの漢字を画数（漢字を書くときの点や線の数）の少ないものから順番に、□に書きなさい。

橋・君・業・庫・研
湖・具・銀・血・区

画数の少ないもの

4 つぎの□に漢字を書きなさい。

① 新人の□（けん）修会がある。

② 雨でも遠足は□□（けっこう）する。

③ 大切なものは□□（きんこ）にしまう。

④ 父は家を買うことに□（き）めた。

⑤ 雪どけで□（みずうみ）の水がふえた。

⑥ 道が大雪で通行止めになった。□（けん）

⑦ 地図でびわ□（こ）をさがす。

⑧ 南□（む）きのまどから日がさしこむ。

号

5画 ゴウ

部首	部首名	
口	くち	

言葉と使い方

号令
▲信号　記号
番号
暗号で知らせる

港

12画 コウ　みなと

部首	部首名	
氵	さんずい	

言葉と使い方

▲漁港　空港
港町
客船が港に着く

幸

8画 コウ　さいわ（い）　さち㊥　しあわ（せ）

部首	部首名	
干	かん　いちじゅう	

言葉と使い方

幸運　幸福
海の幸◎
幸いにも天気にめぐまれる

48

部首	部首名	
皿	さら	

5画 さら

言葉と使い方

皿あらいを手つだう

小皿　絵皿
こざら　えざら

受け皿
うざら

部首	部首名	
示	しめす	

11画　サイ　まつ（る）　まつ（り）

言葉と使い方

祭りでみこしをかつぐ
まつ

夏祭り
なつまつ

祭日　文化祭
さいじつ　ぶんかさい

部首	部首名	
木	きへん	

10画　ね　コン

言葉と使い方

木の根をほり起こす
き　　ね　　　お

屋根
やね

根気　球根
こんき　きゅうこん

1 つぎの──線の漢字に読みがなをつけなさい。

① 球根から花を育てる。

② 友だちと出港する船を見送る。

③ 来週の日曜日に夏祭りがある。

④ これは交番をしめす地図記号だ。

⑤ 屋根の上でネコが鳴いている。

⑥ 幸運にも雲ひとつない晴天になった。

⑦ 銀色の皿にくだものをもる。

⑧ 港は人が多く活気がある。

2 つぎの──線の漢字に読みがなをつけなさい。

① 幸か不幸か、その場にいなかった。

② あれは幸せをよぶ鳥だ。

③ やき魚に大根おろしをそえる。

④ 草を根もとからぬく。

⑤ 矢じるしの方向に進む。

⑥ 強い向かい風がふく。

⑦ 歌手になろうと決心した。

⑧ 決めた日までに町の地図を作る。

3 つぎの―線のカタカナを〇の中の漢字とおくりがな（ひらがな）で□の中に書きなさい。

〈れい〉 〇大 オオキイ花がさく。 [大きい]

① 苦 ニガイ薬（くすり）を飲む。

② 向 まどの方に顔をムケル。

③ 曲 細い竹ひごをゆっくりマゲル。

④ 幸 シアワセナ人生を送る。

⑤ 悪 気分がワルイ。

⑥ 温 こたつでアタタマル。

4 つぎの□に漢字を書きなさい。

① みなと には荷がつまれている。

② こう 福（ふく）をいのる。

③ くうこう までは二時間かかる。

④ ばんごう の順（じゅん）にならぶ。

⑤ 神社（じんじゃ）の まつ りに出かける。

⑥ さいわ いすぐ元気になった。

⑦ 大切な さら をわってしかられる。

⑧ こん 気よくやり通す。

使

8画

シ
つか（う）

部首	部首名
イ	にんべん

言葉と使い方

使者　使用　天使
　しゃ　　しょう　　てんし

使い方
　つか　かた

ていねいな言葉を使って話す
　　　　ことば　つか　はな

死

6画

シ
し（ぬ）

部首	部首名
歹	かばねへん いちたへん がつへん

言葉と使い方

死者　▲必死
　しゃ　　ひっし

病死
びょうし

死んだ金魚を庭にうめる
し　　きんぎょ　にわ

仕

5画

シ 高
ジ
つか（える）

部首	部首名
イ	にんべん

言葉と使い方

仕組み
しく

仕事　▲◎給仕
しごと　　きゅうじ

家来が王様に仕える
けらい　おうさま　つか

歯

12画

は
シ

部首	部首名	
歯	は	

言葉と使い方

歯科（しか）

歯医者（はいしゃ）　虫歯（むしば）

相手（あいて）が強（つよ）くて歯（は）がたたない

指

9画

さび（す）
ゆび
シ

部首	部首名	
扌	てへん	

言葉と使い方

指定（してい）　指名（しめい）

指先（ゆびさき）　指図（さしず）

先生（せんせい）の指示（しじ）にしたがう

始

8画

はじ（める）
はじ（まる）
シ

部首	部首名	
女	おんなへん	

言葉と使い方

始業（しぎょう）　始発（しはつ）

開始（かいし）

羊（ひつじ）が草（くさ）を食（た）べ始（はじ）める

1 つぎの――線の漢字に読みがなをつけなさい。

① 家来が主人に仕える。

② 毎週、歯科医院に通う。

③ 新しいサービスを開始する。

④ 係の人に道具の使い方を聞く。

⑤ 毎日ていねいに歯みがきをする。

⑥ 指先にチョウがとまる。

⑦ 校長先生の話が始まる。

⑧ きもだめしで死ぬほどおどろいた。

2 つぎの□に漢字を書き、上のことばとはんたいの意味のことばをむすびなさい。

① あまい　●　　　●　□（かる）い

② 心配　●　　　●　□（し）ぬ

③ 重い　●　　　●　□（にが）い

④ ねる　●　　　●　□（お）きる

⑤ 生きる　●　　　●　□（あん）心

3

つぎの──線の漢字に読みがなをつけなさい。

① 委員に指名される。
（　　）

② 友だちと指切りをする。
（　　）

③ てんらん会までに作品を仕上げる。
（　　）

④ 教会の神父は神に仕えている。
（　　）

⑤ 家族で年始のあいさつにうかがう。
（　　）

⑥ 人気番組の放送が始まる。
（　　）

⑦ 弟は去年、小学校に入学した。
（　　）

⑧ きれいさっぱりわすれ去る。
（　　）

4

つぎの□に漢字を書きなさい。

① □□ずみの切手を集める。

② 手話を□って会話する。

③ □がぬけて話しにくい。

④ 西を□して進む。

⑤ □□人のくらしを学ぶ。

⑥ □のかざりつけをする。

⑦ □□をつくしてたたかう。

⑧ □□のつめを切る。

事

8画

ジ
ズ高
こと

部首	部首名
亅	はねぼう

言葉と使い方

食事の用意をする
しょく じ　　　よう い

仕事　　返事
し ごと　　　へん じ

工事　　返事
こう じ

次

6画

シ中
ジ
つ(ぐ)
つぎ

部首	部首名
欠	あくび
かける

言葉と使い方

次回　　目次
じ かい　　もく じ

次第　　次の日
し だい　　つぎ ひ

◎次の人にバトンをわたす
つぎ　　ひと

詩

13画

シ

部首	部首名
言	ごんべん

言葉と使い方

詩集　　詩人
し しゅう　　し じん

漢詩
かん し

思い出を詩に書く
おも　 で　　　し　 か

実

8画

ジツ
み
みの（る）

部首	部首名
宀	うかんむり

言葉と使い方

実家　実行
じっか　じっこう

事実　実がなる
じじつ　み

秋は実りの時期だ
あき　みの　じき

式

6画

シキ

部首	部首名
弋	しきがまえ

言葉と使い方

式場　始球式
しきじょう　しきゅうしき

入学式
にゅうがくしき

式を立てて答えを出す
しき　た　こた　だ

持

9画

ジ
も（つ）

部首	部首名
扌	てへん

言葉と使い方

持久走
じきゅうそう

▲

持ち主　力持ち
もぬし　ちからも

石を持ち上げる
いし　も　あ

1 つぎの――線の漢字に読みがなをつけなさい。

① 町内の　　　　行事にさんかする。

② この番組は次回も同じ時間に終わる。

③ キャンプに持っていく皿を買う。

④ 言ったことをすぐ実行する。

⑤ 赤いリンゴが実る。

⑥ 小学校の入学式には父母が来た。

⑦ 次の角を右に曲がると駅だ。

⑧ 湖の美しさを書いた詩を読む。

2 つぎの□の中に漢字を書きなさい。

① 母は町内会の用□（じ）で出かけた。

② ぼくの作文が□（じ）号の本にのる。

③ 公園の□（し）□（し）用きそくを守る。

④ □（こう）科医院に通う。

⑤ □（こう）福な時間をすごす。

⑥ 空□（こう）に父を見送りに行く。

⑦ 海の生物について□（けん）究する。

⑧ 長野□（けん）のスキー場に行く。

3 同じなかまの漢字を□に書きなさい。

① うかんむり（宀）
　□（さむ）い ・ □（じ）力（りょく）

② さんずい（氵）
　生□（かつ） ・ □（けっ）心

③ しょくへん（食）
　図書□（かん） ・ □（の）み水

④ おんなへん（女）
　お□（ねえ）さん ・ 開□（し）

⑤ てへん（扌）
　力□（も）ち ・ 薬（くすり）□（ゆび）

4 つぎの□に漢字を書きなさい。

① 鳥が木の□（み）をつついている。

② 兄は漢□（じ）を勉強（べんきょう）している。

③ 時計を所□（しょ）する。

④ はじめに本の□□（もくじ）を見る。

⑤ 家の前で□□（こうじ）をしている。

⑥ □（しき）に数字をあてはめる。

⑦ 新聞が□□（じじつ）をつたえる。

⑧ 重（おも）いかばんを□（も）ち上げる。

主

5画

シュ高
スし
ぬし
おも

部首	部首名	
ヽ	てん	

言葉と使い方

主食
主人公
持ち主
坊主
◎主な使い道を考える

者

8画

シャ
もの

部首	部首名	
耂	おいかんむり おいがしら	

言葉と使い方

医者　打者
人気者
父ははたらき者だ

写

5画

シャ
うつ(す)
うつ(る)

部首	部首名	
冖	わかんむり	

言葉と使い方

写真　写生
書写
本から書き写す

酒

10画

シュ
さけ
さか

部首	部首名	
酉		ひよみのとり

言葉と使い方

神様にお酒をそなえる

酒屋

日本酒　洋酒

取

8画

シュ
と（る）

部首	部首名	
又		また

言葉と使い方

さいふからお金を取り出す

草取り

取材　▲先取点

守

6画

シュ
ス
まも（る）
も（り）⊕

部首	部首名	
宀		うかんむり

言葉と使い方

野球の守備につく

子守

▲留守番　守り神

1 つぎの―線の漢字に読みがなをつけなさい。

① 父は夕食前に日本酒を飲む。（　）

② 岸べのけしきを写生する。（　）

③ 日本人の主食は米だ。（　）

④ 一点のリードを死守する。（　）

⑤ 主な駅の時刻表（じこくひょう）を調（しら）べる。（　）

⑥ 妹は学校中の人気者だ。（　）

⑦ 草取りを午前中にすませる。（　）

⑧ 酒屋でジュースを買う。（　）

2 つぎの漢字の太いところは、何番めに書きますか。○の中に数字を書きなさい。

① 写 ……○

② 式 ……○

③ 祭 ……○

④ 歯 ……○

⑤ 幸 ……○

3 つぎの□の中に漢字を書きなさい。

し

① 母は、毎日□事に出かける。

② 午後一時に試合（しあい）を開□する。

しゃ

③ ペットの□真（しん）をとる。

④ かぜをひいて医□にかかる。

しゅ

⑤ 力せん□がけがをする。

⑥ 電車の運転（うんてん）□になりたい。

4 つぎの□に漢字を書きなさい。

① 本の持ち□をさがす。（ぬし）

② 湖をカメラで□す。（うつ）

③ ヒーローが□□をたおす。（わるもの）

④ 弟とのやくそくを□る。（まも）

⑤ 先□点でもりあがる。（しゅ）

⑥ 母がお客さんにお□を出す。（さけ）

⑦ 新しいタオルに□りかえる。（と）

⑧ 犬が□□□の昔話（むかしばなし）を読む。（しゅじんこう）

ステップ 14

拾 9画 シュウ ジュウ ひろ(う) 部首 扌 部首名 てへん

州 6画 シュウ す 部首 川 部首名 かわ

受 8画 ジュ う(ける) う(かる) 部首 又 部首名 また

言葉と使い方
収拾 貝を拾う 拾ったお金を交番にとどける

言葉と使い方
本州 中州 アメリカのネバダ州 九州に転校する

言葉と使い方
受信 受付 受け取り ボールを受ける

64

集

12画

シュウ
あつ（まる）
あつ（める）
つど（う）㊥

部首名	部首
ふるとり	隹

言葉と使い方

集会 集合
しゅうかい しゅうごう

▲若者が集う
わかもの つど

◎笛の合図で集まる
ふえ あいず あつ

習

11画

シュウ
なら（う）

部首名	部首
はね	羽

言葉と使い方

習字 学習
しゅうじ がくしゅう

練習 見習い
れんしゅう みなら

ピアノを習う
なら

終

11画

シュウ
お（わる）
お（える）

部首名	部首
いとへん	糸

言葉と使い方

終業式 終点
しゅうぎょうしき しゅうてん

▲最終回
さいしゅうかい

宿題が終わってから遊ぶ
しゅくだい お あそ

1 つぎの──線の漢字に読みがなをつけなさい。

① 水泳のテストに受かった。

② 台風が九州に 近づく。

③ 食べ終わったら皿をあらう。

④ 公園のごみ拾いをする。

⑤ 見習いの大工としてはたらく。

⑥ お客さんの人数を集計する。

⑦ そっと電話の受話器（き）をおく。

⑧ 習字では正しい姿勢（しせい）が大切だ。

2 （ ）の中に漢字を書いて、上とはんたいの意味のことばにしなさい。

① 投（な）げる──（う）ける

② はじめ──（お）わり

③ 教える──（なら）う

④ 落（お）とす──（ひろ）う

⑤ たて──（よこ）

3 つぎの─線のカタカナを○の中の漢字とおくりがな（ひらがな）で□の中に書きなさい。

〈れい〉 大 オオキイ花がさく。 大きい

① 受 漢字のテストをウケル。

② 守 学校生活の決まりをマモル。

③ 実 秋にブドウがミノル。

④ 始 すきな番組がハジマル。

⑤ 集 午前七時にアツマル。

⑥ 写 詩を書きウツス。

4 つぎの□に漢字を書きなさい。

① 学年 しゅう かい が開かれる。

② 新聞から しゅう てん ひろ い読みをする。

③ しゅう てん ごう の駅でおりる。

④ 校庭 こうてい に しゅう ごう する。

⑤ 小さいころからバレエを なら う。

⑥ アメリカは五十 しゅう からなる。

⑦ メールを じゅ しん 信する。

⑧ 宿題を しゅくだい お えてからおやつを食べる。

1 つぎの—線の漢字に読みがなをつけなさい。

〈一つ2点 計38点〉

① しあわせな気持ちになる。

② カードを番号順にならべる。

③ かかとを軽石であらう。

④ 台所で皿あらいをてつだう。

⑤ 車庫のたなに道具をかたづける。

⑥ 酒屋に配達をたのむ。

⑦ パソコンの使い方を習う。

⑧ ミカンの木に実がなる。

⑨ わすれものの持ち主をさがす。

⑩ 入学式のじゅんびをする。

⑪ 遊園地の係員になりたい。

⑫ 根気よく作業をする。

⑬ 詩をノートに書き写す。

⑭ ひな祭りのかざりつけをする。

⑮ 向こう岸まで泳いでわたる。

⑯ すきな本を手に取る。

2 つぎの□に漢字を書き、上のことばとはんたいの意味のことばをむすびなさい。

〈一つ2点　計10点〉

① はじまる ● ● ［ま］げる

② のばす ● ● ［まも］る

③ 楽しい ● ● ［お］わる

④ 生きる ● ● ［し］ぬ

⑤ せめる ● ● ［くる］しい

3 つぎの□の中に漢字を書きなさい。

〈一つ2点　計16点〉

① 下校するとき転んで出［けつ］した。

② 雨天でも遠足を［けっ］行する。

③ 家の前でエ［じ］をしている。

④ ［じ］回のドラマが楽しみだ。

⑤ コンサートが中［し］になる。

⑥ ［し］名されて発言する。

⑦ ［しゅう］点までバスに乗る。

⑧ ［しゅう］分の日におはぎを作る。

④ つぎの□に漢字を書きなさい。

〈一つ2点　計36点〉

① 明日、□（きみ）の家にあつまろう。

② ロボットの□□（けんきゅう）をする。

③ □（みずうみ）に友だちを見送り（みおく）に行く。

④ □（くこう）のほとりでキャンプをする。

⑤ □□□（しゅじんこう）の気持ちを考える。

⑥ 父が力□□（しごと）を□（はじ）める。

⑦ この薬（くすり）は思ったほど□（にが）くない。

⑧ だれもが□（こう）福（ふく）をねがっている。

⑨ 青森□（けん）に引っこしをする。

⑩ 全校□□（しゅうかい）が開かれる。

⑪ □（は）ぐきから□（ち）が出た。

⑫ きずの手当てを□（う）ける。

⑬ 絵本の□□（さくしゃ）に手紙を書く。

⑭ 赤いさいふを□（ひろ）う。

⑮ 九□（しゅう）地方の子もり歌を聞く。

⑯ □（ゆび）人形で遊（あそ）ぶ。

漢字ボールでゴール！

漢字の書かれたボールがあるよ。画数（漢字を書くときの点や線の数）が8・9・10画の漢字を順番にくりかえし、全部えらんでゴールしよう。

【注意】

線の引いていないところは、進めません。8→9→10→8→9→10……のように進みます。

スタート

使 — 式 — 苦 — 屋

持　決　向　港

駅　祭　酒　荷

院　拾　次　育

州　習　委　界

幸　員　根　指

君 — 急 — 死 — 具

ゴ〜ル！

庫

クイズであそぼ！①

（39ページ）の答え

【答え】

| 暗 | 記 |

た	い	お	ん	か	あ	た	き
い	い	が	く	っ	く	い	と
い	ん	か	ん	き	よ	ち	よ
く	か	い	ち	ゅ	う	お	う
あ	い	が	か	か	も	う	お
き	て	ん	い	め	い	あ	ん
か	ん	じ	す	い	え	い	ん
ん	か	ん	う	じ	い	ば	い

※答えは103ページにあります。

71

宿

11画

シュク
やど
やど（る）
やど（す）

部首	部首名
宀	うかんむり

言葉と使い方

宿題

宿屋 ▲民宿

店先で雨宿りをする

重

9画

ジュウ
チョウ
おも（い）
かさ（ねる）
かさ（なる）
え

部首	部首名
里	さと

言葉と使い方

体重　一重　重ね着

重い荷物

重大なお知らせがある

住

7画

ジュウ
す（む）
す（まう）

部首	部首名
イ	にんべん

言葉と使い方

住所　住人

住まい

都会に住む

助

7画

ジョ
たす（ける）
たす（かる）
すけ甲

部首	部首名	
力	ちから	

言葉と使い方

助手席
じょしゅせき

手助け
てだすけ

▲

助太刀
すけだち
◎

★ ◎

てつだってくれて助かった
たす

暑

12画

ショ
あつ（い）

部首	部首名	
日	ひ	

言葉と使い方

▲残暑
ざんしょ

暑い日
あつひ

暑中みまいを出す
しょちゅう　　だ

所

8画

ショ
ところ

部首	部首名	
戸	と	

言葉と使い方

近所　市役所
きんじょ　しやくしょ

台所
だいどころ

自分の長所を書き出す
じぶん　　ちょうしょ　　か　だ

73

1 つぎの──線の漢字に読みがなをつけなさい。

① 二階だての家に住む。（　）（　）

② 高原でサッカーの合宿をする。（　）（　）

③ 駅の近くの安い宿にとまる。（　）（　）

④ 弱い立場の人を手助けする。（　）（　）

⑤ 寒いので重ね着をする。（　）（　）

⑥ 公園の近所の売店でジュースを買う。（　）（　）

⑦ この夏は暑い日がつづく。（　）（　）

⑧ ぼくの家では体重を毎日はかる。（　）（　）

2 つぎの ▢ の中の漢字を組み合わせて、二字のことばを作り、（　）に書きなさい。

> 重・暑・急・助・屋・中
> 走・所・住・体・宿・人

① しょちゅう…（　）（　）

② やどや………（　）（　）

③ きゅうしょ…（　）（　）

④ じょそう……（　）（　）

⑤ じゅうたい…（　）（　）

⑥ じゅうにん…（　）（　）

3 つぎの──線の漢字に読みがなをつけなさい。

① 兄は東京で下宿している。（　）

② 急に雨がひどくなり雨宿りをする。（　）

③ 友だちの長所をあげる。（　）

④ トンネルをぬけて明るい所に出る。（　）

⑤ 終業式で校長先生の話を聞く。（　）

⑥ 夕方六時に仕事を終えて家に帰る。（　）

⑦ 学年集会が開かれる。（　）

⑧ 空きかんを集める。（　）

4 つぎの□に漢字を書きなさい。

① 歯科 ［じょ｜しゅ］ としてはたらく。

② ［おも］ いかばんを運ぶ。

③ はがきに ［じゅう｜しょ］ を書く。

④ 夕食の前に ［だい］ 題をする。

⑤ 夜になってもむし ［あつ］ かった。

⑥ 母は ［だい｜どころ］ にいる。

⑦ ［たす］ けてもらったお礼（れい）をする。

⑧ 海外にうつり ［す］ む。

商

11画

ショウ
あきな(う)⊕

部首	部首名
口	くち

言葉と使い方

わり算の商をもとめる

商品◎ 商い

商店 商売

消

10画

ショウ
き(える)
け(す)

部首	部首名
氵	さんずい

言葉と使い方

ろうそくの火が消える

消しゴム

消化 消火器▲

昭

9画

ショウ

部首	部首名
日	ひへん

言葉と使い方

昭和にできたビル

昭和新山

乗
9画
ジョウ
の（る）
の（せる）

部首 ノ
部首名 のはらいぼう

言葉と使い方

乗用車
じょうようしゃ

乗りもの　波乗り
の　　　　なみの

タクシーに同乗する
どうじょう

勝
12画
ショウ
か（つ）
まさ（る）㊥

部首 力
部首名 ちから

言葉と使い方

勝負　祝勝会
しょうぶ　しゅくしょうかい

気力で勝る◎
きりょく　まさ

つな引きで赤組が勝つ
ひ　　　あかぐみ　か

章
11画
ショウ

部首 立
部首名 たつ

言葉と使い方

記章
きしょう

校章
こうしょう

長い文章を読む
なが　ぶんしょう　よ

1 つぎの──線の漢字に読みがなをつけなさい。

① 野球で一組が勝つ。

② 食べものを消化する。

③ この県道は昭和のおわりにできた。

④ 町の明かりが消える。

⑤ 多くの人がバスに乗車する。

⑥ おじは商売で生計を立てている。

⑦ 横書きで文章を書く。

⑧ 赤ちゃんをひざに乗せてあやす。

2 ⑦と⑦のカードを組み合わせて、漢字を作りなさい。（カードはそれぞれ一回ずつ使います。）

① ⑦ 艮 寺 台 开

　 ⑦ 言 石 木 女

② ⑦ 与 呂 者 早

　 ⑦ 宀 冖 亠 日

3 つぎの□の中に漢字を書きなさい。

① しょう 品けんで買いものをする。

② 火事の しょう 火くんれんをする。

③ 市役しょ しょ の仕事を見学する。

④ しょ 中おみまい申し上げます。

⑤ 先生から し 名される。

⑥ 明日から工事が開 し される。

⑦ 父が しゅう 電車で家に帰ってきた。

⑧ 九 しゅう の地図を広げる。

4 つぎの□に漢字を書きなさい。

① おばあさんは しょう 和 わ 生まれだ。

② 声が風に の って聞こえてくる。

③ け しゴムとえんぴつを持っていく。

④ しょう てん 街 がい を歩く。

⑤ 決 しょう の試合は午後に行われる。 しあい

⑥ 第一 だいいち がく しょう を聞く。

⑦ じょう きゃく が係員にきっぷをわたす。

⑧ か ち負けにこだわる。 ま

79

身

7画

シン
み

部首	部首名
身	み

言葉と使い方

身体測定　身長

▲身構える　身ぶり

身ぶり手ぶりで話す

申

5画

シン申
もう（す）

部首	部首名
田	た

言葉と使い方

◎申告　申しこみ

▲申し出　申し分ない

申しわけないことをした

植

12画

ショク
う（える）
う（わる）

木

部首	部首名
木	きへん

言葉と使い方

植物　植木ばち

田植え

植木の手入れをする

80

深

11画

シン
ふか（い）
ふか（まる）
ふか（める）

部首名	部首
さんずい	氵

言葉と使い方

深夜に出発する

深い谷

深海　水深

真

10画

シン
ま

部首名	部首
め	目

言葉と使い方

写真

真上　真っ白　真夜中

イカが真っ黒なすみをはく

神

9画

シン
ジン
かみ
かん⊕
こう⾼

部首名	部首
しめすへん	ネ

言葉と使い方

神父　神社

神様　神主

◎星座についての神話を読む

1 つぎの――線の漢字に読みがなをつけなさい。

① 深海にすむ魚類について調べる。

② 神話の本を読む。

③ 植林をして森を守る。

④ 水泳教室に申しこむ。

⑤ 読書を通して知しきを深める。

⑥ 身ぶり手ぶりでやっと通じた。

⑦ 真上に上がった球をとる。

⑧ 庭の植木が雨にぬれる。

2 つぎの□に漢字を書き、上のことばとはんたいの意味のことばをむすびなさい。

① 負ける ● ● □ け す

② 寒い ● ● □ か つ

③ もやす ● ● □ ふか い

④ あさい ● ● □ の る

⑤ おりる ● ● □ あ つ い

3 同じなかまの漢字を□に書きなさい。

① きへん（木）
　　□ 物・□ 本
　　しょく　ぶつ　　こん

② しめすへん（ネ）
　　□ 様・□ 本
　　かみ　さま　　しゃ

③ さんずい（氵）
　　□ 水・□ 火
　　しん　　　しょう

④ おんなへん（女）
　　□ ・□ 終
　　いもうと　　し

⑤ ひへん（日）
　　□ 和・□ 算
　　しょう　わ　　あん

4 つぎの□に漢字を書きなさい。

① □ がキリストの教えをとく。
　しんぶ

② 田 □ えをてつだう。
　　う

③ 家の中が □ っ暗だ。
　　　　ま

④ 入会 □ しこみの手つづきをする。
　　しんちょう

⑤ □ が五センチのびた。
　しんじゃ

⑥ □ におまいりする。
　じんじゃ

⑦ □ に目がさめる。
　しんしゃ

⑧ 集合 □ をとる。
　　しゃしん

整

16画

部首　攵
部首名　のぶん　ぼくづくり

セイ
ととの（える）
ととの（う）

言葉と使い方

整理　整列
せいり　せいれつ

調整
ちょうせい

身なりを整える
み　　　　　とと

世

5画

部首　一
部首名　いち

セイ
よ

言葉と使い方

世紀　世界　世話
せいき　せかい　せわ

▲世の中
よ　なか

世間をさわがせる
せけん

進

11画

部首　辶
部首名　しんにょう　しんにゅう

シン
すす（む）
すす（める）

言葉と使い方

進学　進歩　行進
しんがく　しんぽ　こうしん

前進　進め方
ぜんしん　すす　かた

車が急に発進した
くるま　きゅう　はっしん

相

9画

ソウ
ショウ⊕
あい

部首名	部首
め	目

言葉と使い方

相づちを打つ
あい

首相◎　相手
しゅしょう　あいて

相談　真相　手相
そうだん　しんそう　てそう

全

6画

ゼン
まった(く)
すべ(て)

部首名	部首
いる	入

言葉と使い方

全く新しいことを考える
まった　あたら　かんが

安全　全ての道
あんぜん　すべ　みち

全員　全部　全力
ぜんいん　ぜんぶ　ぜんりょく

昔

8画

セキ高
シャク⊕
むかし

部首名	部首
ひ	日

言葉と使い方

ひと昔前のことだ
むかしまえ

大昔　昔なじみ
おおむかし　むかし

昔日　今昔◎　昔話
せきじつ　こんじゃく　むかしばなし

1 つぎの――線の漢字に読みがなをつけなさい。

① 秋祭りの行列（ぎょうれつ）がゆっくりと進む。

② たまった写真の整理をする。

③ 弟の世話をするために急いで帰る。

④ この地方につたわる昔話を聞く。

⑤ ゴールに向かって全力で走る。

⑥ 身なりを整えて出かける。

⑦ 近年、科学の進歩はめざましい。

⑧ 相手の気持ちを考えて話す。

2 つぎの□の中に漢字を書きなさい。

しゅう

① 二時間□中して勉強（べんきょう）する。

② 九□には火山がいくつかある。

しょう

③ 食べたものが□化される。

④ □和の時代（じだい）の写真を見る。

しん

⑤ 全□の力をふりしぼる。

⑥ 行□曲に合わせて入場する。

3 つぎの──線のカタカナを○の中の漢字とおくりがな（ひらがな）で　□　の中に書きなさい。

〈れい〉 ⑩ **オオキイ**花がさく。　大きい

① 整 つくえの上を**トトノエル**。

② 進 時計の針を**ススメル**。

③ 深 **フカイ**あなをほる。

④ 植 アサガオを**ウエル**。

⑤ 助 友だちを**タスケル**。

⑥ 重 絵の具を何色も**カサネル**。

4 つぎの□に漢字を書きなさい。

① べつの話をする。（まった）

② 、ここは海だった。（おお むかし）

③ のできごとを知る。（せかい）

④ クラスごとに 列する。（せい れつ）

⑤ 姉が高校に した。（しん がく）

⑥ 新聞で の中のできごとを知る。（よ）

⑦ てのお金を使ってしまった。（すべ）

⑧ 先生と 談して決める。（そう だん）

息

10画

ソク
いき

部首名 こころ
部首 心

言葉と使い方

消息をたつ

息つぎ　ため息

休息

想

13画

ソウ
ソ高

部首名 こころ
部首 心

言葉と使い方

ゲームは空想の世界だ

▲感想文 ◎愛想

想像 ▲理想

送

9画

ソウ
おく（る）

部首名 しんにょう／しんにゅう
部首 辶

言葉と使い方

友だちを見送る

送りむかえ

放送　返送

他

5画　タ　ほか

部首 イ　部首名 にんべん

言葉と使い方

他国（たこく）

他の考え（ほか・かんが）

他人のような顔をする（たにん・かお）

族

11画　ゾク

部首 方　部首名 ほうへん・かたへん

言葉と使い方

家族（かぞく）　水族館（すいぞくかん）

▲民族（みんぞく）

お正月に親族が集まる（しょうがつ・しんぞく・あつ）

速

10画　ソク　はや（い）　はや（める）　はや（まる）　すみ（やか）㊥

部首 辶　部首名 しんにょう・しんにゅう

言葉と使い方

速達　速度（そくたつ・そくど）

高速道路（こうそくどうろ）

◎速やかに動く（すみ・うご）

大雨で川の流れが速い（おおあめ・かわ・なが・はや）

1 つぎの──線の漢字に読みがなをつけなさい。

① 空港で父を見送る。

② 高速道路を通っていなかへ帰る。

③ 家族で　港の近くの市場に行く。

④ 物語を読んで空想の世界に入りこむ。

⑤ 体には十分な休息が必要だ。

⑥ 大村君は学年で一番足が速い。

⑦ 運送会社のトラックが県道を走る。

⑧ 他校の友だちと道で出会った。

2 □の中に漢字を書いて、上とはんたいの意味のことばにしなさい。

① 自分 ── たにん

② 今 ── むかし

③ 直線 ── きょくせん

④ 点火 ── しょうか

⑤ 来年 ── きょねん

3 つぎの――線の漢字に読みがなをつけなさい。

① 時速四十キロで車が走る。（　）

② もっと速く走れるようになりたい。（　）

③ つくえの上を整理する。（　）

④ 兄は顔立ちが整っている。（　）

⑤ 植物園でめずらしい花を見た。（ぶつえん）（　）

⑥ 家の前の水田は田植えがすんだ。（　）

⑦ 話し合いが大きく前進する。（　）

⑧ 進んで母のてつだいをする。（　）

4 つぎの□に漢字を書きなさい。

① 〔じ〕〔た〕ともにみとめる努力家だ。（どりょくか）

② 走ってきたので〔いき〕が切れた。

③ 漢字に〔おく〕りがなをつける。

④ 新しい本の〔かんそう〕をのべる。

⑤ クロールの〔いき〕つぎを練習する。（れんしゅう）

⑥ 車が〔そく〕〔ど〕を落として走る。

⑦ 遠足で〔すいぞくかん〕に行く。

⑧ 強風で〔そうてん〕線が切れた。

待

| 9画 | | まつ タイ |

部首	部首名
イ	ぎょうにんべん

言葉と使い方

校門前で待ち合わせる
こう もん まえ ま あ

待ち人　待ちぶせ
ま びと ま

期待　待合室
き たい まち あい しつ

対

| 7画 | | ツイ（中） タイ |

部首	部首名
寸	すん

言葉と使い方

親子で対話をする
おや こ たい わ

対立　反対　一対◎
たい りつ はん たい いっ つい

対岸　対等
たい がん たい とう

打

| 5画 | | うつ ダ |

部首	部首名
扌	てへん

言葉と使い方

くぎを打ちつける
う

打ち上げ　頭打ち
う あ あたま う

打者　強打
だ しゃ きょう だ

題

ダイ

18画

部首	部首名
頁	おおがい

言葉と使い方

題名（だいめい）

問題（もんだい）

宿題（しゅくだい）

さまざまな話題（わだい）が出（で）る

第

ダイ

11画

部首	部首名
竹	たけかんむり

言葉と使い方

第一回（だいいっかい）　第二土曜日（だいにどようび）

リレーの第三走者（だいさんそうしゃ）

第六感（だいろっかん）がひらめいた

代

ダイ
タイ
よ（かわる）
か（える）
しろ㊥

5画

部首	部首名
イ	にんべん

言葉と使い方

代表（だいひょう）　母（はは）の代（か）わり

千代紙（ちよがみ）　代物（しろもの）◎

時代（じだい）が大（おお）きくかわる

1 つぎの──線の漢字に読みがなをつけなさい。

① 学級委員が交代する。（　）

② 打球は　急なカーブをえがいた。（　）（　）

③ 母の帰りを待つ。（　）

④ 対岸に向けて大声を出す。（　）

⑤ 時代の流れに乗る。（　）

⑥ 第三者が公平にはんだんして決める。（　）（　）（　）

⑦ 心を打つ物語を読む。（　）（　）（　）

⑧ この曲の題名は「白鳥の湖」だ。（　）（　）

2 つぎの　の中の漢字を組み合わせて、二字のことばを作り、（　）に書きなさい。

強・対・期・決・待・代
号・一・金・記・打・第

① きごう……（　）
② だいきん……（　）
③ きょうだ……（　）
④ だいいち……（　）
⑤ きたい……（　）
⑥ たいけつ……（　）

3 つぎの □ の中に漢字を書きなさい。

① 君とは話 [だい] がつきない。

② クラスを [ひょう] [だい] 表する。

③ 強風に [たい] する注意をする。

④ [たい] 育館に集合する。

⑤ 歯医者で [じ] 回のよやくをする。

⑥ 水道工 [じ] が始まった。

⑦ 先生は山口県の出 [しん] だ。

⑧ プールの水 [しん] をはかる。

4 つぎの □ に漢字を書きなさい。

① [だ] [しゃ] がバットを持ってかまえる。

② 意見が [たい] [りつ] する。

③ [ち] [よ] 紙で人形をおる。

④ 父の [か] わりに電話に出る。

⑤ 夏の夕方、[う] ち水をする。

⑥ [ま] ち合わせの場所を決める。

⑦ 歌手としての [だい] 一歩をふみ出す。

⑧ 今日の [しゅく] [だい] はむずかしい。

談

15画　ダン

部首	部首名	
言	ごんべん	

言葉と使い方

談話室　会談

相談

先生との面談がある

短

12画　タン　みじか（い）

部首	部首名	
矢	やへん	

言葉と使い方

短気　短所

短文

夏は夜が短い

炭

9画　タン　すみ

部首	部首名	
火	ひ	

言葉と使い方

石炭　木炭画

炭焼き▲

炭火をおこす

柱

9画

チュウ
はしら

部首	部首名	
木	きへん	

言葉と使い方

電柱
てんちゅう

柱時計
はしらどけい

★

チームの大黒柱になる
だいこくばしら

注

8画

チュウ
そそ（ぐ）

部首	部首名	
氵	さんずい	

言葉と使い方

注意
ちゅうい

注目
ちゅうもく

注文
ちゅうもん

受注
じゅちゅう

光がベランダにふり注ぐ
ひかり　　　　　　　　　そそ

着

12画

チャク
ジャク高
き（る）
き（せる）
つ（く）
つ（ける）

部首	部首名	
羊	ひつじ	

言葉と使い方

着地
ちゃくち

愛着
あいじゃく

▲◎

上着
うわぎ

水着
みずぎ

家にたどり着く
いえ　　　　　つ

97

1 つぎの——線の漢字に読みがなをつけなさい。

① 急いだので、時間までに駅に着いた。（　）（　）

② 自分の短所と長所を書き出す。（　）（　）

③ 県知事が　会談にのぞむ。（　）

④ 母に黄色い水着を買ってもらう。（　）（　）

⑤ 春の日ざしがまどから注ぎこむ。（　）

⑥ 柱時計を見ると、昔を思い出す。（　）（　）

⑦ あの山は昭和のはじめに石炭がとれた。（わ）（　）

⑧ 出前でそばを注文する。（　）

2 つぎの□の中に漢字を書きなさい。

そう
① 空□（そう）をふくらませる。
② 放□（ほう）委員会に入る。

そく
③ 運動（うんどう）したあとに休□（そく）をとる。
④ 決められた□（そく）度（ど）を守る。

ちゅう
⑤ かべの□（ちゅう）央に地図をはる。
⑥ 電□（ちゅう）が立てられる。

---

3 同じなかまの漢字を□に書きなさい。

① さんずい（氵）

□ 目・空 こう　ちゅう

② てへん（扌）

強 □・□ だい　ひろ・う

③ にんべん（イ）

□ 金・人 だい　た

④ ぎょうにんべん（彳）

午 □・□ ご　しま・つ

⑤ しんにょう・しんにゅう（辶）

前 □・運 しん　そう

4 つぎの□に漢字を書きなさい。

① 絵の下がきに木□を使った。 たん

② ゆかたを□て夏祭りに行く。 き

③ 見学は□い時間だった。 みじか

④ とび箱運動で□□が決まる。 ちゃく・ち　ばこうんどう

⑤ 木をもやして□を作る。 すみ

⑥ 帰りがおそいことを□□される。 ちゅう・い

⑦ 友だちに□□する。 そう・だん

⑧ チームの大黒□になる。 ばしら

1

つぎの──線の漢字に読みがなをつけなさい。

〈一つ2点 計36点〉

① 乗客を目的地まで安全に運ぶ。

② ボールを自分の真上に投げる。

③ ロケットを打ち上げる。

④ 庭に植木ばちをならべる。

⑤ 身長が一年間で十センチものびた。

⑥ 消火くんれんをする。

⑦ 姉に宿題をみてもらう。

⑧ 古代文明のいせきを見学する。

⑨ 柱に新しいカレンダーをかける。

⑩ だんごの形をきれいに整える。

⑪ この川の流れはとても速い。

⑫ 夏の暑さがだんだんきびしくなる。

⑬ お正月を家族でいわう。

⑭ 学級新聞の第三号が仕上がる。

⑮ ろうかを走って注意された。

⑯ 車がゆっくりと前へ進む。

2 ⑦と⑦のカードを組み合わせて、漢字を作りなさい。（カードはそれぞれ一回ずつ使います。）

〈一つ2点　計16点〉

②
⑦｜⑦

宀		王
人		心
自		弟
竹		佰

①
⑦｜⑦

文		豆
且		召
日		寸
矢		力

3 つぎの　　の中の漢字を組み合わせて、二字のことばを作り、（　）に書きなさい。

〈一つ2点　計12点〉

感・炭・水・想・商・社
深・石・実・神・業・真

① しんじつ……（　　）　　　　　　

② しょうぎょう…（　　）　　　　　　

③ せきたん……（　　）　　　　　　

④ すいしん……（　　）　　　　　　

⑤ かんそう……（　　）　　　　　　

⑥ じんじゃ……（　　）

4

つぎの――線の漢字に読みがなをつけなさい。

〈一つ2点　計16点〉

① 友だちの住所を教えてもらう。

② ぼくは学校の近くに住んでいる。

③ とび箱の着地がうまくいった。

④ 夕方六時に家に着いた。

⑤ 期待にこたえて活やくする。

⑥ 校門で弟を待つ。

⑦ 自分の短所をふり返る。

⑧ 冬は昼間が短い。

5

つぎの□に漢字を書きなさい。

〈一つ2点　計20点〉

① ふろ上がりに　たいじゅう　をはかる。

② バレーボールの試合で日本が　か　つ。

③ テレビ局の見学を　もう　しこむ。

④ 駅で父を　みおく　る。

⑤ 祖母から　むかしばなし　を聞く。

⑥ ぎん　の　こうしょう　をつける。

⑦ せかい　の平和をうったえる。

⑧ たにん　には　そうだん　できない。

漢字めいろ

スタートの「音」から、漢字2字でできた言葉（ことば）をたどってゴールしよう。

【注意】
マスは、たてと横に進むことができます。
ななめには進めません。

2字の漢字の言葉をさがせばいいのね。

クイズであそぼ！2
（71ページ）の答え

スタート
↓

乗	宿	係	船	音
研	歯	代	荷	読
港	血	屋	寒	書
起	泳	息	真	写
悪	話	談	相	決
名	題	打	飲	受
曲	暗	幸	銀	湖

↓
ゴール

※答えは135ページにあります。

調

15画

チョウ
しら（べる）
ととの（う）㊥
ととの（える）㊥

部首名	部首
ごんべん	言

言葉と使い方

調子　下調べ

材料が調う　◎

調理の道具を買う

帳

11画

チョウ

部首名	部首
きんべん はばへん	巾

言葉と使い方

帳面　通帳

電話帳

手帳に予定を記入する

丁

2画

チョウ
テイ㊥

部首名	部首
いち	一

言葉と使い方

豆腐一丁

包丁　落丁

二丁目には公園がある

庭

10画

テイ
にわ

部首	广
部首名	まだれ

言葉と使い方

庭園（ていえん）　家庭（かてい）　校庭（こうてい）

中庭（なかにわ）

庭先（にわさき）でネコと遊（あそ）ぶ

定

8画

テイ
ジョウ
さだ（める）
さだ（まる）
さだ（か）⾼

部首	宀
部首名	うかんむり

言葉と使い方

定員（ていいん）　指定（してい）　予定（よてい）

三角定規（さんかくじょうぎ）　◎定（さだ）かな話（はなし）

▲ルールを定（さだ）める

追

9画

ツイ
お（う）

部首	辶
部首名	しんにょう
しんにゅう

言葉と使い方

▲追加（ついか）　追放（ついほう）

追（お）い風（かぜ）

ボールを追（お）いかける

1 つぎの――線の漢字に読みがなをつけなさい。

① 曲の調子に合わせて行進する。（　）（　）

② 電話帳で食事のできる店をさがす。（　）

③ 人生に　追い風がふいてきた。（　）（　）

④ とうふを一丁だけ買う。（　）（　）

⑤ 試合の日時を決定する。（しあい）（　）

⑥ 庭にサクラの木を植える。（　）（　）

⑦ 新聞でじけんについて調べる。（　）（　）

⑧ 温かい　家庭をきずく。（　）（　）

2 つぎの□に漢字を書き、上のことばとはんたいの意味のことばをむすびなさい。

① にげる ● ● □（みじか）い

② 長い ● ● □（す）む

③ ぬぐ ● ● □（おく）る

④ むかえる ● ● □（お）う

⑤ 止まる ● ● □（き）る

106

3 つぎの——線の漢字に読みがなをつけなさい。

① サーカスでライオンが調教されている。

② ぼくらの町の歴史（れきし）を調べる。

③ バスが定時に駅を出発（しゅっぱつ）する。

④ ねらいを定めて矢を放（はな）つ。

⑤ 兄は真理を追究している。

⑥ 前を歩く友だちに追いついた。

⑦ 本の目次をたしかめる。

⑧ 次の人に声をかける。

4 つぎの □ に漢字を書きなさい。

① □□（こう・てい）に集合する。

② 田中君は □（に）□□（ちょう・め）に住んでいる。

③ 天気がよいと体□（ちょう）もよい。

④ □（さだ）められた決まりを守る。

⑤ 悪書を□（つい）放する。

⑥ □□（てい・いん）は八名です。

⑦ □□（なか・にわ）でパーティーを開く。

⑧ 新しい□□（て・ちょう）を買ってもらう。

転

11画

テン
ころ（がる）
ころ（げる）
ころ（がす）
ころ（ぶ）

部首	部首名
車	くるまへん

言葉と使い方

転校 てんこう

回転 かいてん　運転 うんてん

自転車 じてんしゃ

ボールを転がす ころ

鉄

13画

テツ

部首	部首名
金	かねへん

言葉と使い方

鉄橋 てっきょう

鉄板 てっぱん　鉄道 てつどう

地下鉄に乗る ちかてつ の

笛

11画

テキ
ふえ

部首	部首名
⺮	たけかんむり

言葉と使い方

汽笛 きてき

草笛 くさぶえ

口笛をふきながら歩く くちぶえ ある

ボ

投

7画

トウ
な（げる）

部首	部首名
扌	てへん

言葉と使い方

投手　投入

▲輪投げ　力投
　わ　　　　　　りきとう

ボールを速く投げる

度

9画

ド高
タク中
たび中

部首	部首名
广	まだれ

言葉と使い方

温度　今度
おんど　こんど

◎支度　度重なる
したく　たびかさ

年に一度の集まりだ
　ねん　いちど　　　　あつ

▲法度
　はっと

都

11画

トツ
みやこ

部首	部首名
阝	おおざと

言葉と使い方

都市　都合
とし　つごう

京の都
きょう　みやこ

大都会で生活する
だいとかい　せいかつ

1 つぎの―線の漢字に読みがなをつけなさい。

① 妹と自転車に乗る練習(れんしゅう)をする。（　）

② 会合は都合により中止になった。（　）（　）

③ 船が汽笛を鳴らす。（　）（　）

④ 力持ちの主人公がクマを投げとばす。（　）（　）

⑤ 昔は京都に都があった。（　）（　）

⑥ 地下鉄に乗って終点まで行く。（　）（　）

⑦ 寒いのでエアコンの温度を上げる。（　）（　）

⑧ 投手の力投で試合(しあい)に勝った。（　）（　）

2 ⑦と⑦のカードを組み合わせて、漢字を作りなさい。（カードはそれぞれ一回ずつ使います。）

① ⑦ 阝 殳 主 火 ⑦ 木 戸 扌 者

② ⑦ 云 廷 失 疋 ⑦ 广 宀 車 金

3 つぎの──線のカタカナを○の中の漢字とおくりがな（ひらがな）で□の中に書きなさい。

〈れい〉　大　オオキイ花がさく。　　大きい

① 着　人形にキセル服をえらぶ。

② 転　ネコが毛糸の玉をコロガス。

③ 定　決まりをサダメル。

④ 調　先月の天気をシラベル。

⑤ 注　川が海へとソソグ。

⑥ 短　ミジカイひもをむすぶ。

4 つぎの□に漢字を書きなさい。

① 今日、てんこうせいが来た。

② くちぶえをふいて犬をよぶ。

③ 雪の上でころがって遊ぶ。

④ 年にいちどの祭りが始まる。

⑤ 世界のとしの名をおぼえる。

⑥ 新聞に意見をとうしょする。

⑦ てっとうについてしらべる。

⑧ 弟は宿題をなげ出した。

111

湯

12画　トウ・ゆ

部首：氵　部首名：さんずい

言葉と使い方

▲熱湯（ねっとう）

湯気（ゆげ）　湯船（ゆぶね）

湯水（ゆみず）のようにお金（かね）を使（つか）う

島

10画　トウ・しま

部首：山　部首名：やま

言葉と使い方

列島（れっとう）

島民（とうみん）　半島（はんとう）

この島（しま）はひょうたんの形（かたち）だ

豆

7画　トウ・ズ・まめ

部首：豆　部首名：まめ

言葉と使い方

豆腐（とうふ）　大豆（だいず）

豆電球（まめでんきゅう）　▲枝豆（えだまめ）

豆（まめ）つぶほどの大（おお）きさだ

動

11画

ドウ
うご(く)
うご(かす)

部首 力
部首名 ちから

言葉と使い方

動物（どうぶつ）　活動（かつどう）

感動（かんどう）　自動車（じどうしゃ）

音楽（おんがく）に合（あ）わせて体（からだ）を動（うご）かす

等

12画

トウ
ひと(しい)

部首 竹
部首名 たけかんむり

言葉と使い方

等級（とうきゅう）　等身大（とうしんだい）

上等（じょうとう）　平等（びょうどう）

ひもの長（なが）さを等（ひと）しく切（き）る

登

12画

トウ
ト
のぼ(る)

部首 癶
部首名 はつがしら

言葉と使い方

登場（とうじょう）　登山（とざん）

木登（きのぼ）り

八時（はちじ）に登校（とうこう）する

113

1 つぎの──線の漢字に読みがなをつけなさい。

① 庭の木に豆電球をかざる。
（　）（　）

② 電車が動き始める。
（　）（　）

③ あの島には人が住んでいない。
（　）（　）

④ 誕生日に上等な肉を食べる。
（たんじょう）（　）（　）

⑤ 湯をわかして茶をいれる。
（　）（　）

⑥ 大人でも冬の登山はきけんだ。
（　）（　）

⑦ 感動したことを日記に書く。
（　）

⑧ 母の運転で半島の先まで行った。
（　）（　）

2 つぎの漢字の太いところは、何番めに書きますか。○の中に数字を書きなさい。

① 都 …… （　）

② 登 …… （　）

③ 帳 …… （　）

④ 庭 …… （　）

⑤ 度 …… （　）

3 つぎの □ の中に漢字を書きなさい。

① ふきんを熱（ねっ）□（とう）で消毒（しょうどく）する。

② □（とう）ふは父の好物（こうぶつ）だ。

③ 新幹線（しんかんせん）の指□（てい）席（せき）を取る。

④ 校□（てい）でサッカーをする。

⑤ 手□（ちょう）に住所をメモする。

⑥ 包（ほう）□（ちょう）で手を切ってしまった。

⑦ 黒板（こくばん）の字に□（ちゅう）目する。

⑧ 電□（ちゅう）が立てられた。

4 つぎの □ に漢字を書きなさい。

① □□（ゆげ）でめがねがくもる。

② □□（だいず）は体によい。

③ 正三角形（さんぺん）は三辺の長さが□（ひと）しい。

④ サルは□□（きのぼ）りがうまい。

⑤ 元気に□□（とうこう）する。

⑥ ケーキを六□□（とうぶん）する。

⑦ 日本は□□（しまぐに）だ。

⑧ クラブ□□（かつどう）にはげむ。

波

ハ
なみ

8画

部首	部首名
氵	さんずい

言葉と使い方

音波
波風
波乗り

電波

波しぶきをあびる

農

ノウ

13画

部首	部首名
辰	しんのたつ

言葉と使い方

農家　農業
農作物
農村の出身だ

童

ドウ
わらべ㊥

12画

部首	部首名
立	たつ

言葉と使い方

童顔　童話
▲児童会　◎童歌
交通事故から▲児童を守る

箱

15画 はこ

部首	部首名	部首名
⺮	たけかんむり	部首名

言葉と使い方

道具を箱にしまう

筆箱　本箱

箱庭　薬箱

倍

10画 バイ

部首	部首名
イ	にんべん

言葉と使い方

何百倍にもふえた

二倍

倍数

配

10画 ハイ　くば（る）

部首	部首名
酉	とりへん

言葉と使い方

プリントを配る

心配　分配

配役　配列

117

1 つぎの──線の漢字に読みがなをつけなさい。

① 先生がそうじの用具を配る。（　）（　）

② リンゴ農園ではたらく。（　）

③ 母は童話の作家になりたかった。（　）（　）

④ よく電波の具合が悪くなる。（　）（　）

⑤ お祭りの係員が飲み物(もの)を手配する。（　）（　）

⑥ 三の倍数を五つ答える。（　）（　）

⑦ 波風が立たないように取り計らう。（　）（　）

⑧ 家にある本箱の整理をする。（　）（　）

2 つぎの　　の中の漢字を組み合わせて、二字のことばを作り、（　）に書きなさい。

> 分・顔・農・波・配・音
> 重・家・箱・百・童・倍

① どうがん………（　　）　（　　）

② じゅうばこ………（　　）　（　　）

③ なみおと………（　　）　（　　）

④ ひゃくばい………（　　）　（　　）

⑤ はいぶん………（　　）　（　　）

⑥ のうか………（　　）　（　　）

3 同じなかまの漢字を□に書きなさい。

① くるまへん（車）
□校（てん）・□い（かる）

② さんずい（氵）
白□（なみ）・□のみ（ゆ）

③ にんべん（イ）
数□（ばい）・□事（し）

④ しんにょう・しんにゅう（辶）
□動（うん）・行□（しん）

⑤ うかんむり（宀）
乗□（きゃく）・お□り（まも）

4 つぎの□に漢字を書きなさい。

① まわりの人に気□（くば）りをする。

② □□（のうぎょう）をてつだう。

③ □（はこ）の中身を当てる。

④ かれとは□□（はちょう）が合わない。

⑤ 流行（りゅうこう）の□（なみ）にのまれる。

⑥ 心□（ばい）のあまりについて行く。

⑦ □□（どうしん）に返（かえ）って遊（あそ）ぶ。

⑧ 兄は人の□□（なんばい）も食べる。

反

4画

（ハン
ホン高
タン⊕
そ（る）
そ（らす））

部首 又
部首名 また

言葉と使い方

大きくむねを反（そ）らす
◎反物（たんもの）
反省（はんせい）▲　反対（はんたい）

発

9画

ハツ
ホツ⊕

部首 癶
部首名 はつがしら

言葉と使い方

新（あたら）しい発明（はつめい）をした
活発（かっぱつ）　出発（しゅっぱつ）◎発作（ほっさ）
発電所（はつでんしょ）　発表会（はっぴょうかい）

畑

9画

はた
はたけ

部首 田
部首名 た

言葉と使い方

だんだん畑（ばたけ）が広（ひろ）がる
花畑（はなばたけ）
畑作（はたさく）

皮

5画

ヒ
かわ

部首	部首名	
皮	けがわ	

言葉と使い方

皮膚科
▲
リンゴの皮
皮肉を言われる

板

8画

ハン
バン
いた

部首	部首名	
木	きへん	

言葉と使い方

鉄板　黒板
板の間　まな板
木の板に名前をほる

坂

7画

ハン㊙
さか

部首	部首名	
土	つちへん	

言葉と使い方

急坂◎
上り坂
坂道を転がり落ちる

121

1 つぎの──線の漢字に読みがなをつけなさい。

① 畑にトマトのなえを植える。

② あの坂道を上ると港が見える。

③ 体を後ろに反らす。

④ かさを持ってきたら皮肉にも晴れた。

⑤ 黒板に書かれた字を消す。

⑥ 島に向けて船が出発する。

⑦ まちがえて反対の方角に進む。

⑧ 母は毎日、板の間をぞうきんがけする。

2 □の中に漢字を書いて、上とはんたいの意味のことばにしなさい。

① さんせい──□□
　　　　　　は ん　た い

② 自分──□□
　　　　あ い　て

③ 下校──□□
　　　　とう　こう

④ 長所──□□
　　　　たん　しょ

⑤ きけん──□□
　　　　　あん　ぜん

3 つぎの――線の漢字に読みがなをつけなさい。

① 予想に反する答えが返ってきた。

② 板が大きく反り返る。

③ けいじ板のお知らせを読む。

④ 木の板をのこぎりで切る。

⑤ 一人では道にまよわないか心配だ。

⑥ 学級だよりを配る。

⑦ ほけん室で身長と体重をはかった。

⑧ たまごの黄身と白身を分ける。

4 つぎの□に漢字を書きなさい。

① めずらしい鳥を　はっけん　する。

② 下り　さか　を気をつけておりる。

③ むぎばたけ　の様子を絵にえがく。

④ あいての　はんかん　を買う。

⑤ リンゴの　かわ　をむく。

⑥ てっぱん　で肉をやく。

⑦ まな　いた　でキャベツを切る。

⑧ むねを　そ　らせて息をすう。

鼻

14画
ビ⊕
はな

部首	部首名
鼻	はな

言葉と使い方

目鼻立ちがはっきりしている
鼻血　鼻水
◎耳鼻科　鼻歌

美

9画
ビ
うつく（しい）

部首	部首名
羊	ひつじ

言葉と使い方

山のもみじが美しい
美人　美味
▲美術館

悲

12画
ヒ
かな（しい）
かな（しむ）

部首	部首名
心	こころ

言葉と使い方

悲鳴
▲悲しい気持ち
▲悲観的になる

表

8画

ヒョウ
おもて
あらわ（す）
あらわ（れる）

部首	部首名	
衣	ころも	

言葉と使い方

表通りを歩く
おもてどお　　　ある

書き表す
か　　あらわ

表紙　表面
ひょうし　ひょうめん

氷

5画

ヒョウ
こおり
ひ高

部首	部首名	
水	みず	

言葉と使い方

池に氷がはっている
いけ　こおり

氷まくら　氷雨◎
こおり　　　ひさめ

氷山　氷点下　流氷
ひょうざん　ひょうてんか　りゅうひょう

筆

12画

ヒツ
ふで

部首	部首名	
⺮	たけかんむり	

言葉と使い方

筆記用具を買う
ひっきようぐ　か

筆箱　絵筆
ふでばこ　えふで

毛筆
もうひつ

1 つぎの――線の漢字に読みがなをつけなさい。

① 校内のごみを拾い、美化につとめる。（　）（　）

② 暗い部屋から悲鳴が聞こえた。（　）（　）

③ 妹は気分がよいと鼻歌が出る。（　）

④ 習字で使った筆をあらう。（　）

⑤ 期待どおりの美しい星空だった。（　）（　）

⑥ わかっているのは氷山の一角だ。（　）

⑦ 地区の代表にえらばれる。（　）

⑧ 筆記用具を持っていく。（　）

2 つぎの漢字の画数（漢字を書くときの点や線の数）を数字で書きなさい。

① 鼻……（　）（　）

② 悲……（　）（　）

③ 波……（　）（　）

④ 配……（　）（　）

⑤ 帳……（　）（　）

3 つぎの──線のカタカナを○の中の漢字とおくりがな（ひらがな）での中に書きなさい。

〈れい〉　㋜ 大　オオキイ花がさく。　大きい

① 美　ウツクシイけしきを見る。

② 悲　カナシイ話を聞く。

③ 表　うれしさが顔にアラワレル。

④ 配　あめ玉をクバル。

⑤ 動　植木ばちをウゴカス。

⑥ 等　左右の長さがヒトシイ。

4 つぎの□に漢字を書きなさい。

① ねつが出たので　こおり　まくらを使う。

② かぜをひいて　はなみず　が出る。

③ おもて　の空気をすいに外に出る。

④ ふでばこ　を学校にわすれる。

⑤ 母は　びじん　だと言われる。

⑥ 北海道に流　りゅうひょう　が来た。

⑦ 祖父（そふ）の死を　かな　しむ。

⑧ 新しいえん　びつ　をけずる。

品

9画
ヒン
しな

部首	部首名	
口	くち	

気品ただよう人だ

品物　品切れ

作品　品切れ

病

10画
ビョウ
ヘイ�高
や（む）㊥
やまい

部首	部首名	
疒	やまいだれ	

病院　病気

気に病む

重い病に打ち勝つ

秒

9画
ビョウ

部首	部首名	
禾	のぎへん	

秒速

一秒

秒読みを始める

服

8画　フク

部首	部首名
月	つきへん

言葉と使い方

薬を服用する

和服

服地　洋服

部

11画　ブ

部首	部首名
阝	おおざと

言葉と使い方

テストを一部ずつ配る

全部　★部屋

部員　細部

負

9画　フ　ま（ける）　ま（かす）　お（う）

部首	部首名
貝	かい　こがい

言葉と使い方

重いリュックをせ負う

勝ち負け

自負　勝負

1 つぎの――線の漢字に読みがなをつけなさい。

① 新年への秒読みを始める。（　）

② 上等なぬので洋服を仕立てる。（よう）（　）

③ 父は自負心が強い。（　）

④ 鉄橋に使われる部品を作る。（　）

⑤ 医者に 急病の人をみてもらう。（　）（　）

⑥ 売り切れになるほどの人気商品だ。（　）（　）

⑦ 雪で一部の区間が通行止めだ。（　）（　）

⑧ じゃんけんで勝ち負けを決める。（　）

2 つぎの□の中に漢字を書きなさい。

① 竹とんぼが空中を十□間とんだ。（びょう）

② 妹は□気で学校を休んだ。（びょう）

③ 気温が□点下になる。（ひょう）

④ 調べたけっかを公□する。（ひょう）

⑤ 買ったものの□金をはらう。（だい）

⑥ むずかしい問□をとく。（もん）（だい）

⑦ 近くで□鳴が聞こえた。（ひ）

⑧ 兄から□肉を言われる。（ひ）

3 同じなかまの漢字を□に書きなさい。

① おおざと（阝）
全 □・□ 会
ぶ／と

② のぎへん（禾）
生活 □・□ 一
か／びょう

③ つちへん（土）
□ 道・広
さか
□
ば

④ かねへん（金）
□ 道・□ 行
てつ／ぎん

⑤ まだれ（广）
温 □・□ 車
ど／こ

4 つぎの□に漢字を書きなさい。

① お礼の □ をわたす。
しな

② 百メートルを二十 □ で走る。
びょう

③ □ をおして学校に行く。
やまい

④ すぐに □ が決まる。
しょうぶ

⑤ □ へ見まいに行く。
びょういん

⑥ 兄は □ に入った。
やきゅうぶ

⑦ 新しい □ に着がえる。
ふく

⑧ 自分の □ を売りこむ。
さくひん

1

つぎの―線の漢字に読みがなをつけなさい。

〈一つ2点　計42点〉

① 朝七時半に集合して八時に出発する。

② みんなの歩く速度を記録する。

③ とうふを一丁買うようにたのまれた。

④ 春休みに農家の畑仕事をてつだった。

⑤ 十秒待ってからふたを取る。

⑥ 都市の交通を整備する。

⑦ 妹の部屋から鼻歌が聞こえてきた。

⑧ 兄とおそろいの手帳を持っている。

⑨ 遠足の日取りが決定した。

⑩ 弟は負けん気が強い。

⑪ 道の反対がわにわたる。

⑫ 笛をふきながら坂道を歩く。

⑬ 板の間をふきそうじする。

⑭ マラソンで友だちを追いぬく。

⑮ 船に乗って美しい島を見に行く。

⑯ 父に新しい服を買ってもらう。

2 つぎの漢字の画数（漢字を書くときの点や線の数）を数字で書きなさい。

〈一つ2点 計10点〉

① 童 …………（ ）（ ）

② 氷 …………（ ）（ ）

③ 追 …………（ ）（ ）

④ 湯 …………（ ）（ ）

⑤ 服 …………（ ）（ ）

3 つぎの──線の漢字に読みがなをつけなさい。

〈一つ2点 計16点〉

① 校庭でなわとびをする。

② うら庭でたくさんの花を育てる。

③ クラスに転校生がやって来た。

④ 坂の上からボールを転がす。

⑤ くじ引きで一等が当たる。

⑥ 二つのグループの人数が等しい。

⑦ けがをして母に心配をかけた。

⑧ テストのプリントを配る。

133

4 つぎの──線のカタカナを○の中の漢字とおくりがな（ひらがな）で□の中に書きなさい。

〈一つ2点　計12点〉

〈れい〉　㋤ 大　オオキイ花がさく。

| 大きい |

① ㋤ 登　休日に山に**ノボル**。

② ㋤ 悲　**カナシミ**から立ち直る。

③ ㋤ 反　むねを**ソラス**。

④ ㋤ 調　地図で町名を**シラベル**。

⑤ ㋤ 定　ねらいを**サダメル**。

⑥ ㋤ 投　まとを目がけてボールを**ナゲル**。

5 つぎの□に漢字を書きなさい。

〈一つ2点　計20点〉

① ぼくは　□（てつ・どう）　もけいを集めている。

② □（しな）　物をよく見てえらぶ。

③ 母の作る　□（まめ）　料理はとてもおいしい。

④ 台風で　□（なみ）　の高さが　□（に・ばい）　になる。

⑤ □（びょう・き）　になって学校を休む。

⑥ 姉はリンゴの　□（かわ）　を上手にむく。

⑦ □（ふで・ばこ）　に消しゴムをしまいわすれる。

⑧ □（おもて）　に出てじゅんび　□（うん・どう）　をする。

134

なぞ？ なぞ？ 漢字

次の絵をヒントに漢字を作り、
□□にできた漢字を書いてみよう。

1

【答え】

2

【答え】

１つの漢字が部分ごとにバラバラになっているから、組み合わせてね。

3

【答え】

クイズであそぼ！ 3
（103ページ）の答え

				スタート
乗	宿	係	船	音
研	歯	代	荷	読
港	血	屋	寒	書
起	泳	息	真	写
悪	話	談	相	決
名	題	打	飲	受
曲	暗	幸	銀	湖

ゴール

※答えは163ページにあります。

平

5画

イ
ヘイ
ビョウ
たい(ら)
ひら

部首名	部首
かん いちじゅう	干

世界の平和を願う

平らな道　平泳ぎ

公平　水平線　平等

物

8画

モブ
ツツ
もの
の

部首名	部首
うしへん	牛

植物

物語

重い荷物を運ぶ

福

13画

フク

部首名	部首
しめすへん	ネ

福笑い　幸福

七福神

福引きに当たる

放

8画

ホウ
はな（す）
はな（つ）
はな（れる）
ほう（る）

部首　攵
部首名　ぼくづくり・のぶん

言葉と使い方

放送　放流
魚を川に放す
ボールを放る

勉

10画

ベン

部首　力
部首名　ちから

言葉と使い方

勉強
▲勤勉
勉学にはげむ

返

7画

ヘン
かえ（す）
かえ（る）

部首　辶
部首名　しんにょう・しんにゅう

言葉と使い方

返事　返送　返答
▲恩返し
図書館に本を返す

1 つぎの――線の漢字に読みがなをつけなさい。

① 幸せの青い鳥をさがす物語を読んだ。（　）（　）

② 先週出した手紙の返事を待つ。（　）（　）

③ すな場を平らにする。（　）

④ 海岸で平たい石を拾う。（　）（　）

⑤ 荷物を一か所に集める。（　）（　）

⑥ 兄はいつも勉強の合間にゲームをする。（　）（　）

⑦ 豆まきをして福をよぶ。（　）（　）

⑧ まどを開け放して空気を入れかえる。（　）（　）

2 つぎの□に漢字を書き、上のことばとはんたいの意味のことばをむすびなさい。

① とじる　●　●　□（かな）しい

② うれしい　●　●　□（うご）く

③ かりる　●　●　□（くば）る

④ 集める　●　●　□（ひら）く

⑤ 止まる　●　●　□（かえ）す

3 つぎの□の中に漢字を書きなさい。

きょく

① 名［きょく］のえんそうを聞く。

② 駅前のゆうびん［きょく］に行く。

どう

③ けいさつ犬が出［どう］する。

④ みんなでグリム［どう］話を読む。

ふく

⑤ 正月に和［わ］［ふく］を着る。

⑥ ［ふく］引きで大当たりが出る。

4 つぎの□に漢字を書きなさい。

① ［すい］［へい］線をながめる。

② すきな本を読み［かえ］す。

③ ［ふく］な家庭をきずく。

④ 高山［しょく］［ぶつ］を写真にとる。

⑤ 姉は［べん］［がく］にはげんでいる。

⑥ 妹は宿題を［ほう］り出した。

⑦ むずかしくて［へん］［とう］にこまる。

⑧ 部屋でラジオ［ほう］［そう］を聞く。

部首	部首名	面
	めん	

メン
おも⊕
おもて⊕
つら高

9画

言葉と使い方

公園は大通りに面している
めんかい
面会　水面
おもなが
面長　鼻面
こうえん おおどおり めん

命

メイ
ミョウ⊕
いのち

8画

部首	部首名	口
	くち	

言葉と使い方

矢がまとに命中した
いのち
命がけ
せいめい
生命
じゅみょう
▲寿命
いのちびろ
◎命拾い
めいちゅう

味

ミ
あじ
あじ（わう）

8画

部首	部首名	口
	くちへん	

言葉と使い方

よくかんで味わう
あじ
あじみ
味見
いみ
意味　調味料
ちょうみりょう
▲

薬

16画

ヤク
くすり

部首	部首名	
サ	くさかんむり	

言葉と使い方

薬局（やっきょく）　薬品（やくひん）

火薬（かやく）　農薬（のうやく）

薬箱（くすりばこ）

かぜをひいたので薬を飲む（くすり の）

役

7画

ヤク
エキ甲

部首	部首名	
イ	ぎょうにんべん	

言葉と使い方

役者（やくしゃ）　役目（やくめ）

市役所（しやくしょ）　使役（しえき）◎

この本は勉強に役立つ（ほん べんきょう やくだ）

問

11画

モン
とう（とう）
とん（とい）

部首	部首名	
口	くち	

言葉と使い方

問題（もんだい）　学問（がくもん）

問い合わせ（とあ）　問屋（とんや）

先生に質問する（せんせい しつもん）▲

1 つぎの――線の漢字に読みがなをつけなさい。

① まとに矢が命中する。（　）（　）

② うつわにもる前に味見をする。（　）

③ 人の命は何よりも重い。（　）（　）

④ 知らない言葉の意味を調べる。（　）

⑤ 先生の問いに、よく考えて答える。（　）（　）

⑥ 今回で自分の役目は終わった。（　）

⑦ 実の表面には細かい毛が生えていた。（　）

⑧ 商店街のはしに薬局がある。（　）

2 つぎの漢字を画数（漢字を書くときの点や線の数）の少ないものから順番に、□に書きなさい。

平・命・農・役・族
面・倍・勝・式・駅

画数の少ないもの

142

3 つぎの―線の漢字に読みがなをつけなさい。

① 母は、わたしの味方だ。（　）

② 味わいのある作品に仕上がった。（　）

③ 算数の問題をとく。（　）

④ 先生におくれた理由（りゆう）を問われた。（　）

⑤ 五年生になったら放送部に入りたい。（　）

⑥ ニワトリを放しがいにして育てる。（　）

⑦ 友だちからの手紙に返事を出す。（　）

⑧ 何度も教科書を読み返す。（　）

4 つぎの□に漢字を書きなさい。

① すいめん に顔をうつす。

② しおからい あじ がする。

③ 会社に もんどう い合わせる。

④ 弟とおし めいめい をする。

⑤ 赤ちゃんに しゃくしょ する。

⑥ 毎食後、 くすり を見学する。

⑦ 毎食後、 くすり を飲む。

⑧ ふろに やくそう を入れる。

有

6画

ユウ
ウ⊕
あ（る）

部首 月 部首名 つき

言葉と使い方

有益
ゆうえき

有力者
ゆうりょくしゃ
有名
ゆうめい

◎有無
うむ

▲有る
あ
無しを調べる
な　　　　しら

油

8画

ユ
あぶら

部首 氵 部首名 さんずい

言葉と使い方

油田
ゆでん

油絵
あぶらえ

石油ストーブをつける
せきゆ

由

5画

ユ
ユウ⊕
ユイ高
よし高

部首 田 部首名 た

言葉と使い方

▲経由
けいゆ
自由
じゆう

理由
りゆう

◎由緒
ゆいしょ

▲由来
ゆらい

名前の由来を知る
なまえ　　ゆらい　　し

ヨ

4画

部首	部首名	
亅	はねぼう	

言葉と使い方

予想
よそう

予定
よてい

予報
よほう

列車の予約を行う
れっしゃ　よやく　おこな

ユウ
ユ高
あそ（ぶ）

12画

部首	部首名	
辶	しんにょう しんにゅう	

言葉と使い方

遊園地
ゆうえんち

遊具　遊山
ゆうぐ　ゆさん

水遊び
みずあそ

近くの公園で遊ぶ
ちか　こうえん　あそ

1 つぎの──線の漢字に読みがなをつけなさい。

① 自由な生き方にあこがれる。（　）

② 有力な手がかりを見つけた。（　）

③ 遊園地で　風船を買う。（　）（　）

④ 油で　大根をいためる。（　）（　）

⑤ 草笛をふいて遊ぶ。（　）（　）

⑥ 日本でも有数の科学者だ。（　）

⑦ テストの問題を予想する。（　）

⑧ 石油をあつかう工場を見学する。（　）（　）

2 つぎの□の中に漢字を書きなさい。

やく

① 父は市□所ではたらいている。（やく）

② □品のあつかいには注意する。（やく）

み

③ 七□とうがらしをかける。（み）

④ 出かけるので□じたくをする。（み）

ゆ

⑤ お□をわかす。（ゆ）

⑥ 原□が値上がりしている。（ゆ）（ねあ）

146

3 同じなかまの漢字を□に書きなさい。

① しんにょう・しんにゅう（⻌）

　□ 水
　あそ

　□ び・時
　そく

② さんずい（氵）

　□ 田・
　ゆ

　□ 湖
　みずうみ

③ うかんむり（宀）

　□ 題・
　しゅく

　□ 住
　てい

④ ひへん（日）

　□ 和・
　しょう
　わ

　□ 記
　あん

⑤ のぶん・ぼくづくり（攵）

　□ 送・
　ほう

　□ 列
　せい
　れつ

4 つぎの□に漢字を書きなさい。

① よいことが起きる □ がする。
　よ かん

② 地名の □ を聞く。
　ゆ らい

③ □ が海に流れ出す。
　じゅ ゆ
　なが
　あぶら

④ げんかんに □ をかざる。
　あぶら え

⑤ 休日の □ を決める。
　よ てい

⑥ □ をかたづける。
　ゆう ぐ

⑦ □ 人に会った。
　ゆう めい

⑧ 一日中 □ び回る。
　あそ

147

葉

部首	部首名
サ	くさかんむり

12画

ヨウ
は

洋

部首	部首名
シ	さんずい

9画

ヨウ

羊

部首	部首名
羊	ひつじ

6画

ヨウ
ひつじ

葉 — 言葉と使い方

観葉植物（かんようしょくぶつ）

▲ 落ち葉（おちば）　言葉（ことば）

きゅうすにお茶（ちゃ）の葉（は）を入（い）れる

洋 — 言葉と使い方

洋楽（ようがく）　洋服（ようふく）

西洋（せいよう）　太平洋（たいへいよう）

赤（あか）い屋根（やね）の洋館（ようかん）がある

羊 — 言葉と使い方

羊（ひつじ）の肉（にく）

羊雲（ひつじぐも）　子羊（こひつじ）

羊毛（ようもう）のセーターを着（き）る

148

様

14画

ヨウ
さま

部首	部首名
木	きへん

言葉と使い方

様式　様子

王様

▲仏様

町の様がわりにおどろく

陽

12画

ヨウ

部首	部首名
阝	こざとへん

言葉と使い方

陽光

太陽

山陽新幹線

▲父は陽気な人だ

1 つぎの——線の漢字に読みがなをつけなさい。

① 言葉の　意味を調べる。

② 父はときどき洋酒を飲む。

③ うら庭のカエデの葉が色づいてきた。

④ 水平線にしずむ太陽をながめる。

⑤ 外の様子を見る。

⑥ 羊毛からセーターを作る。

⑦ これは大西洋にうかぶ島の写真だ。

⑧ 犬が羊のむれを追いかける。

2 つぎの□の中に漢字を書きなさい。

① 　[よう]毛のふとんにねる。

② 本だなに　[よう]書をならべる。

③ 校庭のかれ　[は]をほうきではく。

④ 　[は]のちりょうをした。

⑤ 日曜日は　[ゆう]園地に行く。

⑥ 　[ゆう]名な観光地をおとずれる。

⑦ 　[しゅ]人公の気持ちを考える。

⑧ 日本　[しゅ]は米から作られる。

3 同じなかまの漢字を□に書きなさい。

① のぶん・ぼくづくり（攵）

　手□す・算□すう

② きへん（木）

　お客□さま・まな□いた

③ くさかんむり（艹）

　木の□は・飲み□ぐすり

④ ちから（力）

　□どう物・□じょ手

⑤ たけかんむり（竹）

　絵□ふで・汽□てき

4 つぎの□に漢字を書きなさい。

① ぼうしと□よう□ふくをそろえる。

② 空に□ひつじ□ぐもがうかんでいる。

③ □たい□へい□ようをヨットで航海（こうかい）する。

④ □よう□きな歌声が聞こえる。

⑤ ていねいな□こと□ばを使う。

⑥ 家のトイレは□よう式だ。

⑦ 落□おち□ばをかき集める。

⑧ 王□さまが登場する物語だ。

旅

10画

リョ
たび

部首 方
部首名 ほうへん かたへん

言葉と使い方

海をこえて旅をする

旅先（たびさき）　船旅（ふなたび）

旅館（りょかん）　旅行（りょこう）

流

10画

リュウ
ル（高）
なが（れる）
なが（す）

部首 氵
部首名 さんずい

言葉と使い方

町中（まちなか）を川（かわ）が流（なが）れる

上流（じょうりゅう）　流転（るてん）　流（なが）れ星（ぼし）

流行（りゅうこう）　急流（きゅうりゅう）

落

12画

ラク
お（ちる）
お（とす）

部首 艹
部首名 くさかんむり

言葉と使い方

落石（らくせき）に注意（ちゅうい）する

落（お）とし物（もの）　集落（しゅうらく）　転落（てんらく）

落書（らくが）き

	部首名	部首
いとへん	糸	

14画

リョク
ロク 高
みどり

	部首名	部首
いち	一	

6画

リョウ

公園の緑がきれいだ

緑の大地 ◎

緑茶　緑青 ◎
みどり　　ろくしょう

緑化運動
りょっか　うんどう

道の両側に花を植える
みち　　りょうがわ　　はな　　う

両面
りょうめん

両方
りょうほう

両親　両手
りょうしん　　りょうて

1 つぎの――線の漢字に読みがなをつけなさい。

① 山のふもとに集落がある。

② 地面にねころがって流れ星を見る。

③ 旅先で知り合った人と親しくなる。

④ 落とし物を拾ってとどける。

⑤ 道の両がわに商店がならぶ。

⑥ この川の上流には美しい花がさく。

⑦ 夕食のあとに緑茶を飲む。

⑧ 昔からある旅館にとまる。

2 つぎの漢字の太いところは、何番めに書きますか。○の中に数字を書きなさい。

① 流 …… ◯

② 旅 …… ◯

③ 両 …… ◯

④ 緑 …… ◯

⑤ 命 …… ◯

3 つぎの——線のカタカナを○の中の漢字とおくりがな（ひらがな）で□の中に書きなさい。

〈れい〉　大　オオキイ花がさく。　　大きい

① 流　川が<u>ナガレル</u>。

② 平　<u>ヒラタイ</u>箱に貝がらを入れる。

③ 遊　姉と外で<u>アソブ</u>。

④ 味　名物を<u>アジワウ</u>。

⑤ 放　野原で犬を<u>ハナス</u>。

⑥ 負　野球の試合（しあい）で<u>マケル</u>。

4 つぎの□に漢字を書きなさい。

① 友だちと□（たび）の計画を練（ね）る。

② □（みどり）の大地が広がる。

③ 日が□（お）ちるのが早くなった。

④ □□（りょうりゅう）で荷物をかかえる。

⑤ □□（きゅうりゅう）をカヌーで下る。

⑥ □□（てんらく）事故（じこ）に注意する。

⑦ はじめて海外□□（りょこう）をする。

⑧ 肉も魚も□□（りょうほう）すきだ。

練

14画　レン　ね（る）

部首　糸
部首名　いとへん

言葉と使い方

練習
▲訓練
からしを練る

列

6画　レツ

部首　リ
部首名　りっとう

言葉と使い方

列車　列島
整列
店の前に行列ができる

礼

5画　レイ　ライ⾼

部首　ネ
部首名　しめすへん

言葉と使い方

礼服
朝礼　◎らいはい▲失礼
お礼の手紙を書く　▲礼拝

和

8画

ワ
オ（高）
やわ（らぐ）
やわ（らげる）（申）
なご（む）（申）
なご（やか）（申）

部首	部首名
口	くち

和紙　和服
昭和　和尚▲
暑さが和らぐ◎
和室でくつろぐ

路

ロ
ジ

13画

部首	部首名
足	あしへん

言葉と使い方

路線バス
通学路　道路
家路につく
線路にそって新しい家がたつ

1 つぎの──線の漢字に読みがなをつけなさい。

① ラジオ放送で平和をうったえる。（　）（　）

② 朝礼で先生から発表がある。（　）（　）

③ 昼休みにひなん訓練がある。（　）（くん）

④ 急行列車に乗る。（　）

⑤ みこしが町を練り歩く。（　）

⑥ 九州は　日本列島の　一部だ。（　）（　）

⑦ 線路ぞいで電車の写真をとる。（　）（　）

⑧ 姉はよく和服を着る。（　）

2 （　）の中に漢字を書いて、上とはんたいの意味のことばにしなさい。

① 長文──（たん）文

② かた方──（りょう）方

③ とう着──出（ぱつ）

④ 明るい──（くら）い

⑤ 全体──（ぶ）分

3 つぎの□の中に漢字を書きなさい。

① よう　アサガオの子[よう]が出てきた。

② よう　部屋に[よう]光がふり注ぐ。

③ しゅ　母が洋[しゅ]を飲んでいる。

④ じ　一点を死[じ]して勝った。

⑤ じ　長い旅[じ]につく。

⑥ じ　食[じ]のしたくをする。

4 つぎの□に漢字を書きなさい。

① ネコが[どうろ]にとび出す。

② ていねいにお[れい]を言う。

③ 長い[ぎょうれつ]ができる。

④ サッカーの[れんしゅう]をする。

⑤ [いちれつ]にならんで待つ。

⑥ 平成の前の年号は[しょうわ]だ。

⑦ [つうがくろ]を地図で見る。

⑧ [わ]紙で人形を作る。

1

つぎの――線の漢字に読みがなをつけなさい。

〈一つ2点　計40点〉

① 有名な歌手にあこがれる。（　　）

② 旅番組がテレビで放送されている。（　　）

③ かわいい子羊が生まれる。（　　）

④ ぼくは運命的な出会いをした。（　　）てき

⑤ 薬箱からばんそうこうを出す。（　　）

⑥ とうふと油あげのみそしるを飲む。（　　）

⑦ 陽光がふり注ぐ太平洋の島に行く。（　　）（　　）

⑧ 一流のレストランで食事をする。（　　）

⑨ 池のコイの様子を見に行く。（　　）

⑩ 笛をふく練習をする。（　　）（　　）

⑪ 元気よく返事をする。（　　）

⑫ 幸福なゆめを見る。（　　）

⑬ 春には緑の葉をたくさんつける。（　　）（　　）

⑭ 先生にお礼の手紙を書く。（　　）

⑮ 動物園でキリンを見る。（　　）

⑯ 日曜日に出かける計画を練る。（　　）

2

（　）の中に漢字を書いて、上とは
んたいの意味のことばにしなさい。

〈一つ2点　計10点〉

① 拾う ——（ お ）とす

② 勝つ ——（ ま ）ける

③ とく意 ——（ にが ）手

④ 下山 ——（ と ）山

⑤ かりる ——（ かえ ）す

3

つぎの □ の中に漢字を書きなさい。

〈一つ2点　計12点〉

ゆ

① 地名の □（ゆ） 来を調べる。

② □（ゆ） 水のようにお金を使う。

わ

③ □（わ） 紙のびんせんで手紙を書く。

④ パンダの赤ちゃんが □（わ） 題になる。

もん

⑤ 漢字の □（もん） 題をとく。

⑥ 学校の正 □（もん） から入る。

161

④

つぎの□に漢字を書きなさい。

〈一つ2点　計38点〉

① おくれた □□（り・ゆう）をのべる。

② 町は十年で □（さま）がわりした。

③ たなに □□（やく・ひん）のびんがならぶ。

④ □□（りょこう）の □□（よ・てい）を入れる。

⑤ □（りょく）茶は体によいそうだ。

⑥ □□□（つ・う・がく・ろ）を絵地図に表した。

⑦ □（あそ）び歌をみんなで歌う。

⑧ □（いのち）がけで子どもを守った。

⑨ 王さまの □（やく）をえんじる。

⑩ 川の水を □（りょう）手ですくって飲む。

⑪ □□（こと・ば）の □□（い・み）を調べる。

⑫ □□（すい・めん）に月がうつる。

⑬ □（なが）れ星に □□（へい・わ）をいのる。

⑭ 日曜日は一日中 □□（べん・きょう）した。

⑮ とれたての魚を □（あじ）わう。

⑯ 店の前に □□（ぎょう・れつ）ができる。

162

のこる言葉はどれ？

マス目のあいたところに、リストの言葉を入れていきましょう。リストの中で使わない言葉はどれかな？

言葉は、上からと左から読めるようになっているよ。

【リスト】

都立図書館	高速道路	学級代表	絵日記帳	一世一代	屋上庭園
上下水道	勉強部屋	面会時間	路面電車	表音記号	弱肉強食
世界地図	大都会	植物園	日本一	書店員	乗用車
空間	物語	日直	高原	学童	病弱

（盤面の文字：勉、高、都、植、世、表）

クイズであそぼ！ 4 （135ページ）の答え
1. 明暗　　2. 全員　　3. 横道

【答え】

※答えは、別冊「答え」の23ページにあります。

2 つぎの漢字の太いところは、何番めに書きますか。○の中に数字を書きなさい。

1×10(10)

点

| 5 祭 | 4 悲 | 3 漢 | 2 様 | 1 旅 |
| 10 身 | 9 医 | 8 炭 | 7 波 | 6 申 |

3 （ ）の中に漢字を書いて、上とはんたいのいみのことばにしなさい。

2×5(10)

点

5 自分 ── （た）人

4 かた方 ── （りょう）方

3 集める ── （くば）る

2 受ける ── （な）げる

1 暑い ── （さむ）い

4 おなじなかまの漢字を□の中に書きなさい。

2×10(20)

点

さんずい
（氵）……
1□ しょう
火
2□ あぶら
絵

いとへん
（糸）……
3□ みどり
色・
4□ しゅう
電車

ごんべん
（言）……
5□ し
人・
6□ ちょう
子

こころ
（心）……
7□ わる
口・
8□ きゅう
用

くさかんむり
（艹）……
9□ ば
言・
10□ ぐすり
目

5 つぎの（　）の中に漢字を書きなさい。

2×10(20)

点

読書
1（かん）

図書
2（かん）で本をかりる。

想文を書く。

3（あん）全をかくにんする。

電話番号を
4（あん）記する。

車に
5（ちゅう）意して道をわたる。

電
6（ちゅう）にカラスがとまっている。

太
7（よう）のエネルギーで車を走らせる。

姉と二人で
8（よう）食を食べに行く。

なわとびの練
9（しゅう）をする。

九
10（しゅう）地方に雨がふっている。

166

6 つぎの──線のカタカナを○の中の漢字とおくりがな（ひらがな）で□の中に書きなさい。

2×5(10)

〈れい〉 ㊥ オオキイ花がさく。

㊥ 大きい

1 ㊋ ボールが **コロガル**。

2 ㊭ ぼくは気が **ミジカイ**。

3 ㊩ 今日から新年が **ハジマル**。

4 ㊨ **ウツクシイ**音楽を聞く。

5 ㊟ 決勝で **マケル**。

7 つぎの──線の漢字の読みがなを──線の右に書きなさい。

1×10(10)

1 この船の 乗客 は二百人です。

2 電車に 乗 ってとなり町に行く。

3 こづかいについて母に 相談 をする。

4 相手 の目を見て話す。

5 向こう岸まで 橋 でわたる。

6 歩道橋 の上からにじを見る。

7 根気 よくセーターをあむ。

8 大木の 根 につまずく。

9 川の 上流 までさかのぼる。

10 川にきれいな水が 流 れている。

167

8 つぎの □の中に**漢字**を書きなさい。

2×20(40)

点

1　紙ねん土で作った ①（さら） に

2　絵の ②（ぐ） でもようをかいた。
③（ゆび） が自 ④（ゆう） に ⑤（うご） く
ロボットが作られる。

3　人の ⑥（いのち） を ⑦（かる） く見てはいけない。

4　文 ⑧（しょう） にふさわしい ⑨（だい） 名を考える。

5　祖父（そふ）は五十さいをすぎてから ⑩（こう） 福な日々を ⑪（おく） った。

6　さばくで ⑫（しょく） 物を ⑬（そだ） てる ⑭（けん） 究を ⑮（すす） めている。

7　市の中 ⑯（おう） を ⑰（てつ） 道が ⑱（よこ） 切っている。

8　よく知っている ⑲（きょく） を ⑳（ぶえ） でふく。

合　計(150)

点

168

部首一覧表（ぶしゅいちらんひょう）

偏（へん）…□
旁（つくり）…□
冠（かんむり）…□
脚（あし）…□
垂（たれ）…□
繞（にょう）…□
構（かまえ）…□

表の上には部首を画数順に配列し、下には漢字の中で占める位置によって形が変化するものや特別な名称を持つものを示す。

部首 / 位置 / 名称

一画・二画

番号	部首	名称
1	〔一〕一	いち
2	〔亅〕丨	ぼう・たてぼう
3	〔丶〕丶	てん
4	〔丿〕ノ	の・はらいぼう
5	〔乙〕乙	おつ・おつ
6	〔亅〕亅	はねぼう
7	〔二〕二	に
8	〔亠〕亠	けいさんかんむり・なべぶた
9	〔人〕人・イ	ひと・にんべん

二画

番号	部首	名称
9	〔人〕	ひとやね
10	〔入〕入	いる
11	〔儿〕儿	ひとあし・にんにょう
12	〔八〕八	はち
13	〔冂〕冂	まきがまえ・けいがまえ・どうがまえ
14	〔冖〕冖	わかんむり
15	〔冫〕冫	にすい
16	〔几〕几	つくえ
17	〔凵〕凵	うけばこ
18	〔刀〕刀・刂	かたな・りっとう
19	〔力〕力	ちから
20	〔勹〕勹	つつみがまえ

二画・三画

番号	部首	名称
21	〔匕〕匕	ひ
22	〔匚〕匚	はこがまえ
23	〔匸〕匸	かくしがまえ
24	〔十〕十	じゅう
25	〔卜〕卜	と・うらない
26	〔卩〕卩	わりふ・ふしづくり
27	〔厂〕厂	がんだれ
28	〔厶〕厶	む
29	〔又〕又	また
30	〔口〕口	くち・くちへん
31	〔囗〕囗	くにがまえ

三画

番号	部首	名称
32	〔土〕土	つち・つちへん
33	〔士〕士	さむらい
34	〔夊〕夂・夊	すいにょう・ふゆがしら
35	〔夕〕夕	ゆうべ
36	〔大〕大	だい
37	〔女〕女	おんな・おんなへん
38	〔子〕子	こ・こへん
39	〔宀〕宀	うかんむり
40	〔寸〕寸	すん
41	〔小〕小・⺌	しょう・しょう

部首一覧表

52	51	50	49		48	47		46		45		44	43	42
【广】	【幺】	【干】	【巾】		【己】	【工】		【巛】		【山】		【屮】	【尸】	【尤】
广	幺	干	巾	巾	己	エ	工	巛	川	山	山	屮	尸	尤
まだれ	いとがしら／よう	かん	きんべん・はばへん	はば	おのれ	たくみへん	たくみ	かわ	かわ	やまへん	やま	てつ	しかばね・かばね	だいのまげあし

	61		四画	変化形	60	59	58	57	56		55	54	53
				阝(右)→邑 艹→艸 忄→心 氵→水 犭→犬 扌→手 ⻌→辵 阝(左)→阜	【灬】	【彳】	【彡】	【彑】	【弓】		【弋】	【廾】	【廴】
小	忄	心	四画		灬	彳	彡	彑	弓	弓	弋	廾	廴
したごころ	りっしんべん	こころ			つかんむり	ぎょうにんべん	さんづくり	けいがしら	ゆみへん	ゆみ	しきがまえ	こまぬき・にじゅうあし	えんにょう

71		70		69		68	67	66	65	64		63		62
【日】		【方】		【斤】		【斗】	【文】	【攴】	【支】	【手】		【戸】		【戈】
日	日	方	方	斤	斤	斗	文	攵	支	扌	手	戸	戸	戈
ひへん	ひ	かたへん・ほうへん	ほう	おのづくり	きん	とます	ぶん	のぶん・ぼくづくり	し	てへん	て	とだれ・とかんむり	と	ほこづくり・ほこがまえ

84	83	82	81	80	79	78	77	76	75	74		73		72
【水】	【气】	【氏】	【毛】	【比】	【毋】	【殳】	【歹】	【止】	【欠】	【木】		【月】		【曰】
水	气	氏	毛	比	毋	殳	歹	止	欠	木	木	月	月	曰
みず	きがまえ	うじ	け	ならびひ・くらべる	なかれ	るまた・ほこづくり	かばねへん・いちたへん・がつへん	とめる	あくび・かける	きへん	き	つきへん	つき	ひらび・いわく

部首一覧表

91–84

91		90		89	88		87	86		85			84	
【犬】		【牛】		【牙】	【片】		【父】	【爪】		【火】			【水】	
犭	犬	牜	牛	牙	片	片	父	爫	爪	灬	火	火	氷	氵
けものへん	いぬ	うしへん	うし	きば	かたへん	かた	ちち	つめかんむり	つめ	れんが・れっか	ひへん	ひ	したみず	さんずい

100–92 〔五画〕

100	99		98		97	96	95	94	93			92
【疒】	【疋】		【田】		【用】	【生】	【甘】	【瓦】	【玉】			【玄】
疒	疋	疋	田	田	用	生	甘	瓦	王	王	玉	玄
やまいだれ	ひきへん	ひき	たへん	た	もちいる	うまれる	かん・あまい	かわら	おうへん・たまへん	おう	たま	げん

五画
王・王→玉
尹→老
衤→示
辶→辵

111–101

111	110		109		108	107		106	105		104	103	102	101
【禾】	【示】		【石】		【旡】	【矢】		【矛】	【目】		【皿】	【皮】	【白】	【癶】
禾	礻	示	石	石	旡	矢	矢	矛	目	目	皿	皮	白	癶
のぎ	しめすへん	しめす	いしへん	いし	なし・すでのつくり	やへん	や	ほこ	めへん	め	さら	けがわ	しろ	はつがしら

118–111 〔六画〕

118	117	116		115		114		113		112		111
【网】	【缶】	【糸】		【米】		【竹】		【立】		【穴】		【禾】
罒	缶	糸	糸	米	米	⺮	竹	立	立	穴	穴	禾
あみがしら・あみめ・よこめ	ほとぎ	いとへん	いと	こめへん	こめ	たけかんむり	たけ	たつへん	たつ	あなかんむり	あな	のぎへん

六画
衤→衣
氺→水
罒→网

131	130	129	128	127	126		125	124		123	122	121	120	119
〔舟〕	〔舌〕	〔臼〕	〔至〕	〔自〕	〔肉〕		〔聿〕	〔耳〕		〔耒〕	〔而〕	〔老〕	〔羽〕	〔羊〕
舟	舌	臼	至	自	月	肉	聿	耳	耳	耒	而	耂	羽	羊
ふね	した	うす	いたる	みずから	にくづき	にく	ふでづくり	みみへん	みみ	すきへん らいすき	しかして しこうして	おいかんむり おいがしら	はね	ひつじ

七画

140		139		138		137	136		135	134	133	132	131
〔西〕		〔衣〕		〔行〕		〔血〕	〔虫〕		〔虍〕	〔艸〕	〔色〕	〔艮〕	〔舟〕
襾	西	衤	衣	行	行	血	虫	虫	虍	艹	色	艮	舟
おおいかんむり	にし	ころもへん	ころも	ぎょうがまえ ゆきがまえ	ぎょう	ち	むしへん	むし	とらがしら とらかんむり	くさかんむり	いろ	ねづくり こんづくり	ふねへん

151		150	149		148	147	146	145	144		143		142	141
〔走〕		〔赤〕	〔貝〕		〔豸〕	〔豕〕	〔豆〕	〔谷〕	〔言〕		〔角〕		〔臣〕	〔見〕
走	走	赤	貝	貝	豸	豕	豆	谷	言	言	角	角	臣	見
そうにょう	はしる	あか	かいへん	こがい かいがい	むじなへん	ぶた いのこ	まめ	たに	ごんべん	げん	つのへん	つの	しん	みる

161	160		159		158	157		156	155	154		153	152	
〔里〕	〔釆〕		〔酉〕		〔邑〕	〔辵〕		〔辰〕	〔辛〕	〔車〕		〔身〕	〔足〕	
里	釆	釆	酉	酉	阝	辶	辶	辰	辛	車	車	身	足	足
さと	のごめへん	のごめ	とりへん	ひよみのとり	おおざと	しんにょう しんにゅう	しんにょう しんにゅう	しんのたつ	からい	くるまへん	くるま	み	あしへん	あし

※注「辶」については「遡・遜」のみに適用。（てきよう）

172

部首一覧表

八画

番号	部首	字体	読み
161	【里】	里	さとへん
162	【舛】	舛	まいあし
163	【麦】	麦	むぎ
163	【麦】	麦	ばくにょう
164	【金】	金	かね
164	【金】	釒	かねへん
165	【長】	長	ながい
166	【門】	門	もん
166	【門】	門	もんがまえ
167	【阜】	阜	おか
167	【阜】	阝	こざとへん
168	【隶】	隶	れいづくり
169	【隹】	隹	ふるとり
170	【雨】	雨	あめ
170	【雨】	雨	あめかんむり
171	【青】	青	あお
172	【非】	非	あらず
173	【斉】	斉	せい

九画

番号	部首	字体	読み
174	【面】	面	めん
175	【革】	革	かくのかわ・つくりがわ
175	【革】	革	かわへん
176	【音】	音	おと
177	【頁】	頁	おおがい
178	【風】	風	かぜ
179	【飛】	飛	とぶ
180	【食】	食	しょく
180	【食】	飠	しょくへん
180	【食】	飠	しょくへん

十画

番号	部首	字体	読み
181	【首】	首	くび
182	【香】	香	かおり

十一画

番号	部首	字体	読み
183	【馬】	馬	うま
183	【馬】	馬	うまへん
184	【骨】	骨	ほね
184	【骨】	骨	ほねへん
185	【高】	高	たかい
186	【髟】	髟	かみがしら
187	【鬯】	鬯	ちょう
188	【鬼】	鬼	おに
188	【鬼】	鬼	きにょう
189	【韋】	韋	なめしがわ
190	【竜】	竜	りゅう
191	【魚】	魚	うお
191	【魚】	魚	うおへん
192	【鳥】	鳥	とり
193	【鹿】	鹿	しか
194	【麻】	麻	あさ
195	【黄】	黄	き
196	【黒】	黒	くろ
197	【亀】	亀	かめ

十二画

番号	部首	字体	読み
198	【歯】	歯	は
198	【歯】	歯	はへん

十三画

番号	部首	字体	読み
199	【鼓】	鼓	つづみ

十四画

番号	部首	字体	読み
200	【鼻】	鼻	はな

※注 「飠」については「餌・餅」のみに適用。

漢字一覧表（いちらん）

小学校1年生、2年生、3年生で習う漢字を五十音順（じゅん）にならべました。

小学校1年生

一イ 右ウ 雨 円エ
王オ 音 下カ 火
花 貝 学 気キ
九 休 玉 金
空ク 月ケ 犬 見
五コ 口 校 左サ
三 山 子シ 四
糸 字 耳 七
車 手 十 出
女 小 上 森

小学校2年生

引イ 羽 雲 園エ 遠 何カ 科 夏
家 歌 画 回 会 海 絵 外
角 楽 活 間 丸 岩 顔 汽キ
記 帰 弓 牛 魚 京 強 教
近 兄ケ 形 計 元 言 原 戸コ
古 午 後 語 工 公 広 交
光 考 行 高 黄 合 谷 国
黒 今 才サ 細 作 算 止シ 市
矢 姉 思 紙 寺 自 時 室
社 弱 首 秋 週 春 書 少

小学校3年生

悪ア 安 暗 医イ 委 意 育 員 院
飲 運ウ 泳エ 駅 央オ 横 屋 温 化カ
荷 界 開 階 寒 感 漢 館 岸
起キ 期 客 究 急 級 宮 球 去
橋 業 曲 局 銀 区ク 苦 具 君
係ケ 軽 血 決 研 県 庫コ 湖 向
幸 港 号 根 祭サ 皿 仕シ 死 使
始 指 歯 詩 次 事 持 式 実
写 者 主 守 取 酒 受 州 拾
終 習 集 住 重 宿 所 暑 助

立 木 白 二 町 男 草 千 青 人
力 本 八 日 天 竹 足 川 夕 水
林 名 百 入 田 中 村 先 石 正
六 目 文 年 土 虫 大 早 赤 生

野 毎 風 肉 東 通 池 前 西 場
友 妹 分 馬 答 弟 知 組 声 色
用 万 聞 売 頭 店 茶 走 星 食
曜 明 米 買 同 点 昼 多 晴 心
来 鳴 歩 麦 道 電 長 太 切 新
里 毛 母 半 読 刀 鳥 体 雪 親
理 門 方 番 内 冬 朝 台 船 図
話 夜 北 父 南 当 直 地 線 数

路 様 由 返 秒 坂 童 都 丁 代 送 神 昭
和 落 油 勉 病 板 農 度 帳 第 想 真 消
　 流 有 放 品 皮 波 投 調 題 息 深 商
旅 遊 味 負 悲 配 豆 追 炭 速 族 進 章
両 予 命 部 美 倍 島 定 短 談 他 世 勝
緑 羊 面 服 鼻 箱 湯 庭 着 打 整 乗
礼 洋 問 福 筆 畑 登 笛 打 昔 植
列 葉 役 物 氷 発 等 鉄 注 対 全 申
練 陽 薬 平 表 反 動 転 柱 待 相 身

漢検8級 漢字学習ステップ 改訂三版

2024年8月20日　第1版第5刷　発行
編　者　公益財団法人 日本漢字能力検定協会
発行者　山崎　信夫
印刷所　三松堂 株式会社
製本所　株式会社 渋谷文泉閣

発行所　公益財団法人 日本漢字能力検定協会

〒605-0074 京都市東山区祇園町南側 551 番地
☎ (075) 757 - 8600
ホームページ https://www.kanken.or.jp/
©The Japan Kanji Aptitude Testing Foundation 2020
Printed in Japan
ISBN978-4-89096-408-6 C0081

乱丁・落丁本はお取り替えいたします。

公益財団法人 日本漢字能力検定協会

改訂三版

漢検 漢字学習 ステップ

漢検

答え

べっ さつ
別冊

8級

「答え」は、
別冊になっています。
とりはずして使って
ください。

名　前

※「答え」をとじているはり金でけがをしないよう、
気をつけてください。

漢検 公益財団法人 日本漢字能力検定協会

≪ **P.10**

1
① とも・いけん
② くら・よみち
③ さんすう・あんき
④ みせ・やす
⑤ あさ・わる
⑥ い・ほん
⑦ あたま・い
⑧ かお・あんしん

2
① 2
② 13
③ 8
④ 4
⑤ 7

≪ **P.11**

3
① 用意
② 公園
③ 野原
④ 交番
⑤ 会話
⑥ 暗室

4
① 悪人
② 安売
③ 意
④ 暗算
⑤ 委
⑥ 悪
⑦ 医学
⑧ 委

ステップ アップ メモ

2
① 「医」は、さいごに「∟」を書きます。
③④ 「委」「安」の「女」の部分の順番に注意しましょう。

4
③ 「意地をはる」は、「自分の考えをおし通そうとする」という意味。

≪ **P.14**

1
① すいどう・の
② こいぬ・そだ
③ すいえい
④ いん
⑤ あさひ・じいん
⑥ ほし・うんこう
⑦ きょうしつ・はこ
⑧ いいん

2
① 員・泳・飲・意
② 暗・院・運・安
※四つの漢字の順番はちがっていても正解。

≪ **P.15**

3
① 院
② 引
③ 医
④ 意
⑤ 安
⑥ 暗

4
① 体育
② 員
③ 泳
④ 院
⑤ 飲
⑥ 運休
⑦ 育
⑧ 飲食

ステップ アップ メモ

3 **1**
① ② ⑥

1
⑥ 「星の運行」は、星が決まった道すじを進むこと。

3
② 「イン」には、「院・引」のほかにも「員・飲」など、同じ読みをする漢字がたくさんあるので注意しましょう。

≪ **P.18**

1
①たいふう・よこ
②ちゅうおう・
　ゆうじん
③とお・おう
④せんせい・かせき
⑤は・おくがい
⑥あたた・ちゃ
⑦でんしゃ・えき
⑧ひる・きおん

2
①化かす
②温める
③泳ぐ
④運ぶ
⑤育てる
⑥暗い

≪ **P.19**

3
①化・悪・温・委
②医・屋・横・駅
※四つの漢字の順番はちがっ
ていても正解。

4
①中央
②横
③駅前
④体温計
⑤化
⑥屋
⑦温
⑧文化

ステップ
アップ✐メモ

1
⑤「建物の外」という意味があることばとしては、「屋外」のほかに「野外」があります。「屋外」は「おくがい」と読み、「野外」は「やがい」と読みます。

≪ **P.22**

1
①かい・うん
②おんがくかい・ひら
③にだい
④にかい・はこ
⑤さむ・ゆき
⑥かんてん・た
⑦め・かん
⑧こうちょう・
　かいかい

2
①10
②14
③10
④12
⑤12

≪ **P.23**

3
①寒
②感
③回
④界
⑤員
⑥院
⑦医
⑧意

4
①開店
②下界
③音階
④階下
⑤荷
⑥寒中
⑦直感
⑧開

ステップ
アップ✐メモ

2 3
②③④「院」「階」の「阝」は、3画で書きます。

3
②「音感」は、音の高さやひくさ、音色などをきき分ける力のこと。

≪ P.26

1
① はやお・で
② かんじ・かくすう
③ むぎ・じき
④ わる・きゃくあし
⑤ かわぎし・およ
⑥ としょかん・
　にかい
⑦ かいがんせん・
　でんしゃ
⑧ しょうねん・
　あっかん

2
① きおん
② あたた
③ そだ
④ たいいく
⑤ かいか
⑥ ひら
⑦ きてん
⑧ お

≪ P.27

3
① 央
② 横
③ 階
④ 開
⑤ 漢
⑥ 館

4
① 館
② 起立
③ 漢方
④ 起
⑤ 学期
⑥ 来客
⑦ 岸
⑧ 長期間

≪ P.30

1
① ほんとう・
　きゅうめい
② きゅうよう・かえ
③ たま
④ おおいそ・
　えきまえ
⑤ おうきゅう・え
⑥ ききゅう・
　おおぞら
⑦ がっきゅう
⑧ たいふう・さ

2
化→央→究→岸
↓　↓　↓　↓
客→起→期→漢
↓
横→館

≪ P.31

3
① 急ぐ
② 起きる
③ 寒い
④ 開く
⑤ 教わる
⑥ 細かい

4
① 高級
② 宮
③ 究
④ 去年
⑤ 急
⑥ 急行
⑦ 去
⑧ 地球

**ステップ
アップ メモ**

3
⑥「こまかい」は「細かい」と書きます。「か」をわすれないようにしましょう。「細い」と書くと、読み方が「ほそい」にかわります。

2 漢字の画数は、究（7）、客（9）、期（12）、化（4）、央（5）、横（15）、館（16）、漢（13）、起（10）、岸（8）です。

4

≪ **P.34**

1 📖
① でんしゃ・くかん
② えき・ぎんこう
③ ま
④ ほどうきょう・かい
⑤ はし・え
⑥ きょくち・ゆき
⑦ こま・さぎょう
⑧ さっきょく・てんさい

2 📖
① 2
② 14
③ 16
④ 8
⑤ 11

≪ **P.35**

3 📖
① 意・感
② 安・寒
③ 暗・曜
④ 泳・温
⑤ 橋・村

4 📖
① 地区
② 休業
③ 曲
④ 銀色
⑤ 局
⑥ 橋
⑦ 区切
⑧ 曲

ステップ
アップ✏️メモ

1 ⑥「局地」は、「かぎられた土地や地いき」という意味。
3 ②「家・室・客・宮」なども「安・寒」と同じなかまの漢字です。

≪ **P.36**

1
① えき・でんしゃ
② きりつ
③ さっきょくか
④ どうきゅうせい・すいえい
⑤ ぎんこう
⑥ ちく・いいんちょう
⑦ きょねん
⑧ きゅうじょう・かいもん
⑨ こうい・の
⑩ ちゅうおう
⑪ さむ
⑫ きょく
⑬ くら・ほし
⑭ たいいくかん・はこ
⑮ かん
⑯ ちょうき・に

≪ **P.37**

2
① 6
② 7
③ 5
④ 3
⑤ 4

3
① 漢・温
② 客・宮
③ 急・意
④ 横・橋
⑤ 院・階

ステップ
アップ✏️メモ

1 ⑧「球」には、「キュウ」の読み方のほかに「たま」という読み方もあります。「丸い形のもの」「ボール」などの意味がある漢字です。

≪ P.38

力だめし1

4
①起きる
②化ける
③安い
④温める
⑤泳ぐ
⑥育てる

5
①屋上
②岸
③作業
④宮・横
⑤急
⑥究
⑦入院・用意
⑧界

ステップアップ✏メモ

4
⑤「泳ぐ」の「泳」の画数（漢字の点や線の数）は8画。
⑥「育」には、「育む（はぐくむ）」という読みもあります。「育くむ」と書かないように注意しましょう。

5
①「屋上」は、「屋根」の「上」と考えることばの意味がわかります。
③「業」は、「丨→丷→丷→业→业→业→业→业→业→業」の順に書きます。
⑥「究」の部首は、「穴」です。注意しましょう。

ステップ8

≪ P.42

1
①くしん・そだ
②かる
③ずこう・どうぐ
④にがて・かもく
⑤ひる・けいしょく
⑥しゅっけつ・
あんしん
⑦くん・とうじ
⑧がっきゅうかい・
かかり

2
①9 ②12 ③11 ④10 ⑤12

≪ P.43

3
①係
②計
③区
④苦
⑤局
⑥曲
⑦級
⑧球

4
①具
②君
③苦
④係員
⑤血
⑥君
⑦気軽
⑧血

ステップアップ✏メモ

1
①「苦心」は、「ものごとをなしとげるために、いろいろと苦労をすること」という意味。
⑤「軽食」は、「かんたんな食事」という意味。

≪ P.46

1
① はやお・けっしん
② みなみ・ほうこう
③ さむ・けんきゅう
④ えき・む
⑤ こすい・ひか
⑥ とうばん・き
⑦ ぶんこ・やす
⑧ けんりつ・としょかん

2
① 起
② 期
③ 血
④ 決
⑤ 研
⑥ 県

≪ P.47

3
区→血→君→具→
研→庫→湖→業→
銀→橋→

4
① 研
② 決行
③ 金庫
④ 決
⑤ 湖
⑥ 県
⑦ 湖
⑧ 向

ステップアップメモ

2 ①「起用」は、「これまで活やくしていなかった人を使う」という意味。

3 漢字の画数は、橋（16）、君（7）、業（13）、庫（10）、研（9）、湖（12）、具（8）、銀（14）、血（6）、区（4）です。

≪ P.50

1
① きゅうこん・そだ
② しゅっこう・ふね
③ にちようび・なつまつ
④ こうばん・きごう
⑤ やね・な
⑥ こううん・きごう
⑦ ぎん・せいてん
⑧ みなと・さら・かっき

2
① こう
② しあわ
③ だいこん
④ ね
⑤ ほうこう
⑥ む
⑦ けっしん
⑧ き

≪ P.51

3
① 苦い
② 向ける
③ 曲げる
④ 幸せな
⑤ 悪い
⑥ 温まる

4
① 港
② 幸
③ 空港
④ 番号
⑤ 祭
⑥ 幸
⑦ 皿
⑧ 根

ステップアップメモ

2 ①②「幸」には、「コウ・しあわせ」のほかに「さいわ-い・さち」という読みもあります。「さち」は中学校で学習する読みです。

≪ P.54

1
① けらい・つか
② しか・かよ
③ あたら・かいし
④ どうぐ・つか
⑤ まいにち・は
⑥ ゆびさき
⑦ こうちょう・はじ
⑧ し

2
① あまい
② 心配
③ 重い
④ ねる
⑤ 生きる

| 安心 | 起きる | 苦い | 死ぬ | 軽い |

≪ P.55

3
① しめい
② ゆびき
③ しあ
④ つか
⑤ ねんし
⑥ はじ
⑦ きょねん
⑧ さ

4
① 使用
② 使
③ 指
④ 歯
⑤ 原始
⑥ 仕上
⑦ 死力
⑧ 親指

≪ P.58

1
① ちょうない・ぎょうじ
② じかい・じかん
③ も・さら
④ い・じっこう
⑤ あか・みの
⑥ にゅうがくしき
⑦ つぎ・ま
⑧ みずうみ・し

2
① 事
② 次
③ 使
④ 歯
⑤ 幸
⑥ 港
⑦ 研
⑧ 県

≪ P.59

3
① 寒・実
② 活・決
③ 館・飲
④ 姉・始
⑤ 持・指

4
① 実
② 詩
③ 持
④ 目次
⑤ 工事
⑥ 式
⑦ 事実
⑧ 持

ステップ
アップ メモ

1
① 「家来」の読みは、「けらい」です。「からい」とは読みません。

8

≪ P.62

1
① ゆうしょく・にほんしゅ
② きし・しゃせい
③ しゅしょく・こめ
④ いってん・ししゅ
⑤ おも
⑥ いもうと・にんきもの
⑦ くさと・ごぜんちゅう
⑧ さかや・か

2
① 5
② 1
③ 6
④ 12
⑤ 8

≪ P.63

3
① 仕
② 写
③ 始
④ 者
⑤ 主
⑥ 手

4
① 主
② 写
③ 悪者
④ 守
⑤ 取
⑥ 酒
⑦ 取
⑧ 主人公

ステップアップ／メモ

2
① 「写」は、「丶→宀→写→写」の順に書きます。さいごの横画をわすれないようにしましょう。
② 「式」の「丶」は、さいごに書きます。「、」を書きわすれないようにしましょう。

≪ P.66

1
① すいえい・う
② きゅうしゅう
③ お・さら・ちか
④ こうえん・ひろ
⑤ みなら・だいく
⑥ きゃく・しゅうけい
⑦ でんわ・じゅわ
⑧ しゅうじ・たいせつ

2
① 受
② 終
③ 習
④ 拾
⑤ 横

≪ P.67

3
① 受ける
② 守る
③ 実る
④ 始まる
⑤ 集まる
⑥ 写す

4
① 集会
② 拾
③ 終点
④ 集合
⑤ 習
⑥ 州
⑦ 受
⑧ 終

ステップアップ／メモ

3
④ 「始まる」の送りがなに注意しましょう。「始る」とは書きません。

4
⑦ 「受信」は、「手紙、電話、電子メールなどを受けること」。

≪ **P.68**

1
① きも
② ばんごう
③ かるいし
④ さら
⑤ しゃこ・どうぐ
⑥ さかや
⑦ つか・なら
⑧ み
⑨ ぬし
⑩ にゅうがくしき
⑪ かかりいん
⑫ こんき
⑬ し・うつ
⑭ まつ
⑮ む
⑯ と

≪ **P.69**

2
① はじまる
② のばす
③ 楽しい
④ 生きる
⑤ せめる

苦しい	死ぬ	終わる	守る	曲げる

3
① 血
② 決
③ 事
④ 次
⑤ 止
⑥ 指
⑦ 終
⑧ 秋

≪ **P.70**

4
① 君
② 研究
③ 空港
④ 湖
⑤ 主人公
⑥ 仕事・始
⑦ 苦
⑧ 幸

⑨ 県
⑩ 集会
⑪ 歯・血
⑫ 受
⑬ 作者
⑭ 拾
⑮ 州
⑯ 指

ステップアップメモ

1
⑥「酒屋」は、「さけや」とは読みません。ほかにとくべつな読み方をする熟語は「金具（かなぐ）」「上着（うわぎ）」など。

3
⑥「指名」は、「とくに決められた人の名をしめすこと、名指し」という意味。

ステップアップメモ

4
①「君」は、「きみ」のほかに「クン」という読み方があります。文の内容から考えて使い分けましょう。
⑤「主人公」は、「話の中に出てくる中心人物」のこと。
⑪「血」を「皿」と書かないように注意しましょう。
⑯「指」の部首は「扌（てへん）」です。同じなかまの漢字は「持・拾」などがあります。

≪ P.74

1
①にかい・す
②こうげん・
　がっしゅく
③やす・やど
④よわ・てだす
⑤さむ・かさ
⑥きんじょ・
　ばいてん
⑦なつ・あつ
⑧たいじゅう・
　まいにち

2
①暑中
②宿屋
③急所
④助走
⑤重体
⑥住人

≪ P.75

3
①げしゅく
②あまやど
③ちょうしょ
④ところ
⑤しゅうぎょうしき
⑥お
⑦しゅうかい
⑧あつ

4
①助手
②重
③住所
④宿
⑤暑
⑥台所
⑦助
⑧住

≪ P.78

1
①やきゅう・か
②た・しょうか
③けんどう・しょう
④き
⑤おお・じょうしゃ
⑥しょうばい・
　せいけい
⑦よこ・ぶんしょう
⑧の

2
①詩・研・根・始
②宮・写・章・暑
※四つの漢字の順番はちがっていても正解。

≪ P.79

3
①商
②消
③所
④暑
⑤指
⑥始
⑦終
⑧州

4
①昭
②乗
③消
④商店
⑤勝
⑥楽章
⑦乗客
⑧勝

ステップ
アップ メモ

3
②「消火」は、同じ読みの「消化」とまちがえないように注意しましょう。
⑧「九州」は、福岡県・佐賀県・長崎県・大分県・熊本県・宮崎県・鹿児島県・沖縄県をあわせた地いきのことです。

≪ P.82

1
①しんかい・ぎょ
②しんわ・よ
③しょくりん・まも
④すいえい・もう
⑤どくしょ・ふか
⑥み・つう
⑦まえ・たま
⑧うえき

2
①負ける
②寒い
③もやす
④あさい
⑤おりる

暑い　乗る　深い　勝つ　消す

≪ P.83

3
①植・根
②神・社
③深・消
④妹・始
⑤昭・暗

4
①神父
②植
③真
④申
⑤身長
⑥神社
⑦深夜
⑧写真

ステップアップ メモ

3
①「きへん（木）」は、植物に関係のある漢字につくことが多い部首です。

4
④「申」と「田」は同じなかまの漢字で、形もにているので書きまちがえないよう注意しましょう。

≪ P.86

1
①あきまつ・すす
②しゃしん・せいり
③せわ・いそ
④ちほう・
　むかしばなし
⑤む・ぜんりょく
⑥み・ととの
⑦かがく・しんぽ
⑧あいて・きも

2
①集
②州
③消
④昭
⑤身
⑥進

≪ P.87

3
①整える
②進める
③深い
④植える
⑤助ける
⑥重ねる

4
①全
②大昔
③世界
④整
⑤進学
⑥世
⑦全
⑧相

ステップアップ メモ

2
③「消化」は、「体内に取り入れた食物をえいようとしてきゅうしゅうしやすい形にかえるはたらき」「読んだり聞いたりしたものを理解して自分のものとすること」という意味。

≪ P.90

 1
①くうこう・みおく
②こうそく・とお
③かぞく・みなと
④くうそう・せかい
⑤じゅうぶん・きゅうそく
⑥くん・はや
⑦うんそう・けんどう
⑧たこう・であ

2
①他人
②昔
③曲線
④消火
⑤去年

≪ P.91

3
①じそく
②はや
③せいり
④とEの
⑤しょく
⑥たう
⑦ぜんしん
⑧すす

4
①自他
②息
③送
④感想
⑤息
⑥速
⑦水族館
⑧送電

ステップアップメモ

2 ④「消火」は「火を消すこと」、「点火」は「火をつけること」という意味。どちらも「火」がつくことばです。反対の意味を表すことばは、一部の漢字が同じ場合があります。

≪ P.94

 1
①いいん・こうたい
②だきゅう・きゅう
③かえ・ま
④たいがん・おおごえ
⑤じだい・の
⑥だいさんしゃ・き
⑦う・よ
⑧だいめい・みずうみ

2
①記号
②代金
③強打
④第一
⑤期待
⑥対決

≪ P.95

 3
①題
②代
③対
④体
⑤次
⑥事
⑦身
⑧深

4
①打者
②対立
③千代
④代
⑤打
⑥待
⑦第
⑧宿題

ステップアップメモ

2 ⑤「期待」は、「そうなったらいいなど結果をあてにしたり、楽しみに待ったりする」という意味。同じ読みのことばには「気体」「機体」などがあります。

4 ⑤「打」の「丁」を「才」と書かないように注意しましょう。

≪ P.98

1
①いそ・つ
②たんしょ・ちょうしょ
③けんちじ・かいだん
④きいろ・みずぎ
⑤はる・そそ
⑥はしらどけい・むかし
⑦しょう・せきたん
⑧でまえ・ちゅうもん

 2
①想
②送
③息
④速
⑤中
⑥柱

≪ P.99

3
①注・港
②打・拾
③代・他
④後・待
⑤進・送

4
①炭
②着
③短
④着地
⑤炭
⑥注意
⑦相談
⑧柱

力だめし3

≪ P.100

1
①じょうきゃく・あんぜん
②まうえ
③う
④うえき
⑤しんちょう
⑥しょうか
⑦しゅくだい
⑧こだい
⑨はしら
⑩ととの
⑪はや
⑫あつ
⑬かぞく
⑭だいさんごう・しあ
⑮ちゅうい
⑯す

≪ P.101

2
①対・助・昭・短
②宿・全・息・第
※四つの漢字の順番はちがっていても正解。

3
①真実
②商業
③石炭
④水深
⑤感想
⑥神社

ステップアップメモ

1
⑧「古代」は、「古い時代、大昔」という意味。
⑫⑧「暑い」は、気温が高いときに使います。

3
①④「シン」の読みがある漢字が「真・深・神」と三つあるので、意味を考えてえらびましょう。

力だめし3

≪ P.102

4
①じゅうしょ
②す
③ちゃくち
④つ
⑤きたい
⑥ま
⑦たんしょ
⑧みじか

5
①体重
②勝
③申
④見送
⑤昔話
⑥銀・校章
⑦世界
⑧他人・相談

ステップアップメモ

4
①② 「住」とにた形の漢字に「注」「柱」があるので気をつけましょう。
③④ 「着」には、「チャク」「つく」のほかに、「き-る」「き-せる」「つ-ける」という読みもあります。
⑧ 「短い」は、おくりがなにも注意しましょう。「短かい」とは書きません。

5
⑥ 「校章」は、「その学校のマークを表したバッジなど」のことです。その学校に通う人が、服やぼうしにつけたりします。

ステップ22

≪ P.106

1
①ちょうし・こうしん
②でんわちょう・みせ
③じんせい・お
④いっちょう・か
⑤けってい
⑥にわ・う
⑦しんぶん・しら
⑧あたた・かてい

2
①にげる
②長い
③ぬぐ
④むかえる
⑤止まる

着る　追う　送る　進む　短い

≪ P.107

3
①ちょうきょう
②しら
③ていじ
④さだ
⑤ついきゅう
⑥お
⑦もくじ
⑧つぎ

4
①校庭
②二丁目
③調
④定
⑤追
⑥定員
⑦中庭
⑧手帳

ステップアップメモ

1
④ とうふの数を数えるときは「丁」を使います。物の数を数えることばをおぼえておきましょう。

2
⑤ 「進む」の反対の意味を表すことばには、「おくれる」もあります。

15

≪ P.110

1
①じてんしゃ・の
②つごう・ちゅうし
③きてき・な
④しゅじんこう・な
⑤きょうと・みやこ
⑥ちかてつ・
⑦しゅうてん
⑧とうしゅ・か

2
①柱・炭・投・都
②庭・定・転・鉄
※四つの漢字の順番はちがっていても正解。

≪ P.111

3
①着せる
②転がす
③定める
④調べる
⑤注ぐ
⑥短い

4
①転校生
②口笛
③転
④一度
⑤都市
⑥投書
⑦鉄道
⑧投

ステップアップメモ

1 ②「都合」は「つごう」と読みます。「とごう」とは読みません。

3 ②「転」には、「転がす」のほかに、「転げる」「転がる」「転ぶ」の訓読みがあります。

4 ⑥「投書」は、「意見を新聞社・放送局などに送ること」。

≪ P.114

1
①にわ・まめでんきゅう
②うご・はじ
③しま・す
④じょうとう・にく
⑤ゆ・ちゃ
⑥ふゆ・とざん
⑦かんどう・か
⑧うんてん・はんとう

2
①11
②12
③11
④7
⑤7

≪ P.115

3
①湯
②豆
③定
④庭
⑤帳
⑥丁
⑦注
⑧柱

4
①湯気
②大豆
③等
④木登
⑤登校
⑥等分
⑦島国
⑧活動

ステップアップメモ

2 ②「登」の「癶」の部分は、「ノ→ヲ→ヲ→癶→癶」の順に書きます。

3 ②「豆ふ」は、大豆という豆からできているので「豆」という漢字を使います。

≪ P.118

1
①ようぐ・くば
②のうえん
③どうわ・さっか
④でんぱ・ぐあい
⑤かかりいん・てはい
⑥ばいすう・こた
⑦なみかぜ・はか
⑧ほんばこ・せいり

2
①童顔
②重箱
③波音
④百倍
⑤配分
⑥農家

≪ P.119

3
①転・軽
②波・湯
③倍・仕
④運・進
⑤客・守

4
①配
②農作業
③箱
④波長
⑤波
⑥配
⑦童心
⑧何倍

ステップアップ メモ

2
②「重箱」は、食べものを入れる箱で、いくつも重ねることができます。

4
④「波長」は、ここでは「考え方や感じ方の通じぐあい」という意味。

⑦「童心」は、「子どものようにむじゃきな心」のこと。

≪ P.122

1
①はたけ・う
②さかみち・みなと
③うし・そ
④ひにく・は
⑤こくばん・け
⑥しま・しゅっぱつ
⑦はんたい・ほうがく
⑧まいにち・いた

2
①反対
②相手
③登校
④短所
⑤安全

≪ P.123

3
①はん
②そ
③ばん
④いた
⑤しんぱい
⑥くば
⑦しんちょう
⑧しろみ

4
①発見
②坂
③麦畑
④反感
⑤皮
⑥鉄板
⑦板
⑧反

ステップアップ メモ

2
④「短所」は「よくないところ。たりないところ」という意味。「長所」は「よいところ。すぐれているところ」という意味。「短所」とにている意味のことばには「欠点」があります。

ステップ27

1
①こうない・びか
②くら・ひめい
③きぶん・はなうた
④しゅうじ・ふで
⑤きたい・うつく
⑥ひょうざん・いっかく
⑦ちく・だいひょう
⑧ひっき・も

2
①14 ②12 ③8 ④10 ⑤11

3
①美しい
②悲しい
③表れる
④配る
⑤動かす
⑥等しい

4
①氷
②鼻水
③表
④筆箱
⑤美人
⑥氷
⑦悲
⑧筆

ステップアップ✐メモ

1 ⑧「筆記用具」は「書く道具。えんぴつやペン、筆など」。

2 ②「悲」の「非」の部分は、「ーノナヲヲ非非非」の順に書きます。

4 ①「配」の部分は3画で書きます。
　⑥「氷」は、「、」を書く位置に注意しましょう。

ステップ28

1
①びょうよ・はじ
②じょうとう・ふく
③じふしん・つよ
④てっきょう・つよ
⑤いしゃ・きゅうびょう
⑥う・しょうひん
⑦いちぶ・くかん
⑧か・ま

2
①秒 ②病 ③氷 ④表 ⑤代 ⑥題 ⑦悲 ⑧皮

3
①部・都
②科・秒
③坂・場
④鉄・銀
⑤度・庫

4
①品
②秒
③病
④勝負
⑤病院
⑥野球部
⑦服
⑧作品

≪ **P.132**

1
①しゅうごう・しゅっぱつ
②そくど
③いっちょう
④のうか・はたけ
⑤じゅうびょう
⑥とし
⑦へや・はなうた
⑧てちょう
⑨けってい
⑩ま
⑪はんたい
⑫ふえ・さかみち
⑬いた
⑭お
⑮うつく・しま
⑯ふく

≪ **P.133**

2
①12
②5
③9
④12
⑤8

3
①こうてい
②にわ
③てんこう
④ころ
⑤いっとう
⑥ひと
⑦しんぱい
⑧くば

ステップアップメモ

1
⑦「部」は一字では「ブ」と読みますが、「部屋」ということばのときは「へや」と読みます。

2
③「追」の「辶(しんにょう・しんにゅう)」は、3画で書きます。

≪ **P.134**

4
①登る
②悲しみ
③反らす
④調べる
⑤定める
⑥投げる

5
①鉄道
②品
③豆
④波・二倍
⑤病気
⑥皮
⑦筆箱
⑧表・運動

ステップアップメモ

4
②「悲」には、「ヒ」「かな-しい」「かな-しむ」という読みがあります。
④「二倍」の「倍」は、「部」と漢字の形がにているので、注意しましょう。

5
⑤「病」には、「やまい」という読みもあります。
⑥「皮」は、「ノ→广→广→皮→皮」の順に書きます。

≪ P.138

1
①しあわ・
　ものがたり
②へんじ・ま
③たい
④ひら・ひろ
⑤にもつ・あつ
⑥べんきょう・
　あいま
⑦まめ・ふく
⑧はな・くうき

2
①とじる
②うれしい
③かりる
④集める
⑤止まる

返す　開く　配る　動く　悲しい

①とじる → 開く
②うれしい → 悲しい
③かりる → 返す
④集める → 配る
⑤止まる → 動く

≪ P.139

3
①曲
②局
③動
④童
⑤服
⑥福

4
①水平
②返
③福
④植物
⑤勉学
⑥放
⑦返答
⑧放送

ステップアップ メモ

1 ①「物語」は、「ものがたり」と読みます。「物語り」とは書きません。
⑧「放」には、「はなす」のほかに「ホウ」「はなつ」「はなれる」「ほうーる」という読みもあります。

≪ P.142

1
①や・めいちゅう
②まえ・あじみ
③いのち・おも
④いみ・しら
⑤と・こた
⑥こんかい・やくめ
⑦ひょうめん・こま
⑧しょうてん・
　やっきょく

2
平→式→役→命→
面→倍→族→勝→
農→駅

≪ P.143

3
①みかた
②あじ
③もんだい
④と
⑤ほうそう
⑥はな
⑦へんじ
⑧かえ

4
①水面
②味
③問
④問答
⑤命名
⑥市役所
⑦薬
⑧薬草

ステップアップ メモ

2 漢字の画数は、平(5)、命(8)、農(13)、役(7)、族(11)、面(9)、倍(10)、勝(12)、式(6)、駅(14)です。

3 ③④「問」の読みには、「とん」もあります。「問屋」など と使います。

≪ **P.146**

1
① じゆう・かた
② ゆうりょく
③ ゆうえんち・ふうせん
④ あぶら・だいこん
⑤ くさぶえ・あそ
⑥ ゆうすう・かがくしゃ
⑦ もんだい・よそう
⑧ せきゆ・こうじょう

2
① 役
② 薬
③ 味
④ 身
⑤ 湯
⑥ 油

≪ **P.147**

3
① 遊・速
② 油・湖
③ 宿・定
④ 昭・暗
⑤ 放・整

4
① 予感
② 由来
③ 重油
④ 油絵
⑤ 予定
⑥ 遊具
⑦ 有名
⑧ 遊

ステップ
アップ メモ

3
② 「さんずい（氵）」は、水に関係する漢字を表します。

4
② 「由来」は、「ものごとが起こってきたわけや道すじ、いわれ」という意味。

≪ **P.150**

1
① ことば・いみ
② ようしゅ・の
③ にわ・は
④ すいへいせん・たいよう
⑤ ようす
⑥ ようもう・つく
⑦ たいせいよう・しま
⑧ ひつじ・お

2
① 羊
② 洋
③ 葉
④ 歯
⑤ 遊
⑥ 有
⑦ 主
⑧ 酒

≪ **P.151**

3
① 放・数
② 様・板
③ 葉・薬
④ 動・助
⑤ 筆・笛

4
① 洋服
② 羊雲
③ 太平洋
④ 陽気
⑤ 言葉
⑥ 洋
⑦ 葉
⑧ 様

≪ **P.154**

1
① しゅうらく
② じめん・なが
③ たびさき・した
④ お・ひろ
⑤ りょう・
しょうてん
⑥ じょうりゅう・
うつく
⑦ りょくちゃ・の
⑧ むかし・りょかん

2
① 10
② 7
③ 4
④ 14
⑤ 7

≪ **P.155**

3
① 流れる
② 平たい
③ 遊ぶ
④ 味わう
⑤ 放す
⑥ 負ける

4
① 旅
② 緑
③ 落
④ 両手
⑤ 急流
⑥ 転落
⑦ 旅行
⑧ 両方

ステップ
アップ メモ

1
① 「集落」は、「家が集まり、人が生活しているところ」。

3
④ 「味わう」のおくりがなに注意しましょう。「味う」とは書きません。
⑤ 「放す」を同じ読みの「話す」とまちがえないように。

≪ **P.158**

1
① ほうそう・へいわ
② ちょうれい・
はっぴょう
③ ひる・れん
④ れっしゃ・の
⑤ ね
⑥ きゅうしゅう・
れっとう
⑦ せんろ・しゃしん
⑧ わふく・き

2
① 短
② 両
③ 発
④ 暗
⑤ 部

≪ **P.159**

3
① 葉
② 陽
③ 酒
④ 守
⑤ 路
⑥ 事

4
① 道路
② 礼
③ 行列
④ 練習
⑤ 一列
⑥ 昭和
⑦ 通学路
⑧ 和

ステップ
アップ メモ

2
① 「長文」と「短文」は、「長」と「短」が反対の意味を表す漢字です。

3
① 「子葉」は、たねから芽が出たときにさいしょに出る葉っぱのことです。

≪ **P.160**

1
①ゆうめい
②たび・ほうそう
③こひつじ
④うんめい
⑤くすりばこ
⑥あぶら
⑦ようこう・たいへいよう
⑧いちりゅう
⑨ようす
⑩ふえ・れんしゅう
⑪へんじ
⑫こうふく
⑬みどり・は
⑭れい
⑮どうぶつえん
⑯ね

≪ **P.161**

2
①落
②負
③苦
④登
⑤返

3
①由
②湯
③和
④話
⑤問
⑥門

≪ **P.162**

4
①理由
②様
③薬品
④旅行・予定
⑤緑
⑥通学路
⑦遊
⑧命

⑨役
⑩両
⑪言葉・意味
⑫水面
⑬流・平和
⑭勉強
⑮味
⑯行列

≪ **P.163**

**クイズで
あそぼ！⑤
の答え**

【答え】 学童

ステップ
アップ／メモ

1
⑦「太平洋」は「太」、「大西洋」は「大」なので注意しましょう。

3
③「和」には、「日本。日本の」という意味があります。
⑤⑥「問」と「門」は、漢字の形がにているので注意。

≪ **P.164**

1 [1]
1 ①かぞく
2 ②りょこう ③しゃしん
3 ④はやお ⑤はたけ ⑥のうか ⑦とかい ⑧しょうてん
4 ⑨はこ ⑩あつ
5 ⑪こ ⑫の
6 ⑬えき ⑭にもつ ⑮ちく ⑯ぜんこう
7 ⑰だいひょう ⑱れい ⑲しごと ⑳どうろ ㉑つか
8 ㉒きおん
9 ㉓き ㉔せかい ㉕どうわ
10 ㉖はつばい ㉗よてい ㉘びょうき ㉙くる ㉚たす

≪ **P.165**

[2] 1 3 / 2 10 / 3 4 / 4 5 / 5 6 / 6 5 / 7 8 / 8 9 / 9 7 / 10 7

≪ **P.166**

[3] 1寒 2投 3配 4両 5他

[4] 1消 2油 3緑 4終 5詩 6調 7悪 8急 9葉 10薬

[5] 1館 2感 3安 4暗 5注 6柱 7陽 8洋 9習 10州

≪ **P.167**

[6] 1転がる 2短い 3始まる 4美しい 5負ける

[7] 1じょうきゃく 2の 3そうだん 4あいて 5はし 6ほどうきょう 7こんき 8ね 9じょうりゅう 10なが

≪ **P.168**

[8]
①皿 ②具 ③指 ④由 ⑤動 ⑥命 ⑦軽 ⑧章 ⑨題 ⑩幸 ⑪送 ⑫植 ⑬育 ⑭研 ⑮進 ⑯央 ⑰鉄 ⑱横 ⑲曲 ⑳笛